上海教育丛书

特色高中系列

航空航天教育的闵三追寻

王全忠 著

上海教育出版社
SHANGHAI EDUCATIONAL
PUBLISHING HOUSE

图书在版编目（CIP）数据

航空航天教育的闵三追寻 / 王全忠著. — 上海：上海教育出版社，2023.4
（上海教育丛书）
ISBN 978-7-5720-1924-1

Ⅰ.①航… Ⅱ.①王… Ⅲ.①航空工程 – 教学研究 – 高中②航天工程 – 教学研究 – 高中 Ⅳ.①G633.932

中国国家版本馆CIP数据核字(2023)第060672号

责任编辑　袁　玲
封面设计　金一哲

上海教育丛书
航空航天教育的闵三追寻
王全忠　著

出版发行　上海教育出版社有限公司
官　　网　www.seph.com.cn
地　　址　上海市闵行区号景路159弄C座
邮　　编　201101
印　　刷　上海展强印刷有限公司
开　　本　700×1000　1/16　印张 13.25　插页 3
字　　数　202 千字
版　　次　2023年4月第1版
印　　次　2023年4月第1次印刷
书　　号　ISBN 978-7-5720-1924-1/G·1730
定　　价　48.00 元

如发现质量问题，读者可向本社调换　电话：021-64373213

《上海教育丛书》编委会

《上海教育丛书》历届编委会

总　序

　　建设一流城市，需要一流教育。办好教育，最根本的是要建设好教师队伍和学校管理干部队伍。

　　在长期的教育实践中，上海市涌现了一大批长期耕耘在教育第一线，呕心沥血、努力探索，积累了丰富经验的优秀教师；涌现了一批领导学校卓有成效，有思想、有作为的优秀教育管理工作者。广大优秀教育工作者教育教学和管理工作的经验，凝聚着他们辛勤劳动的心血乃至毕生精力。为了帮助他们在立业、立德的基础上立言，确立他们的学术地位，使他们的经验能成为社会的共同财富，1994年上海市领导决定，委托教育部门负责整理这些经验。为此，上海市教育局、上海市中小学幼儿教师奖励基金会组织成立《上海教育丛书》编辑委员会，并由吕型伟同志任主编，自当年起出版《上海教育丛书》（以下称《丛书》）。1995年上海市教育委员会成立后，要求继续做好《丛书》的编辑出版工作。2008年初，经上海市教育委员会领导同意，调整和充实了《丛书》编委会，并确定夏秀蓉同志任执行主编，协助主编工作。2014年底，经上海市教育委员会领导同意，调整和充实了《丛书》编委会，确定尹后庆同志担任主编。《丛书》的内容涵盖了基础教育和中等职业教育的各个方面，包含有较高理论水平和学术价值的著作，涉及中小学教育、学前教育、师范教育、职业教育、校外教育和特殊教育，以及学校的领导管理与团队工作，还有弘扬祖国优秀文化、促进国际教育交流等方面的著作，体现了上海市中小学教育改革与发展的轨迹，体现了上海市中小学教育办学的水平与质量，体现了优秀教师和教育工作者的先进教育思想与丰富的实践经验。《丛书》出版后，受到广大教师、教育工作者及社会的欢迎。

　　为进一步搞好《丛书》的出版、宣传和推广工作，对今后继续出版的《丛书》，我们将结合上海教育进入优质均衡、转型发展新时期的特点，更加注重反映教育改革前沿的生动实践，更加注重典型性、实用性和可读性。希望《丛书》反映的教育思想、理念和观点能起到抛砖引玉的作用，引发大家的思考、议论和争鸣；更希望在超前理念、先进思想的统领下创造出的扎实行动和鲜活经验，能引领当前的教育教学改革工作，使《丛书》成为记录上海教育改革历程和成果的历史篇章，成为广大教师和教育工作者的良师益友。限于我们的认识和水平，《丛书》会有疏漏和不尽如人意之处，诚恳地希望广大读者提出宝贵意见，帮助我们共同把《丛书》编好。

《上海教育丛书》编委会

自　序

　　高中办学格局的单一性阻碍了多样化人才的培养。推进特色普通高中建设是打破"分层办学"一统局面、尝试多样化办学、激活办学主体内生动力的积极探索。上海市通过两轮特色普通高中建设行动计划的实施，已经命名了17所上海市特色普通高中，培育了90多所市、区两级项目学校，带动了全市三分之一的高中学校特色办学，有力推动了高中育人方式变革、教育高质量发展。在义务教育走向优质均衡的背景下，教育强国的标志在高等教育，教育强国的根基在普通高中。要进一步确立普通高中在建设教育强国中的战略地位，全面推进普通高中教育现代化，大力推进普通高中教育多样化、有特色发展是必由之路。

　　听到"上海市特色普通高中"一词，经常会有人问：这是属于哪一个层次的学校？这说明"分层"的概念根深蒂固，人们往往依层次来判定学校好坏。"特色普通高中"的名称很有讲究，"普通高中"标志着学校的本质属性和功能定位，是在九年义务教育基础上进一步提高国民素质、面向大众、与职业技术高中并列的基础教育。"特色"是发展方式，反映一所学校在发展途径及由之而形成的结果上的独特性，属于方法范畴，指的是发展途径。如果每一所学校都追求特色发展，再将丰富的特色教育资源进行共享，就能够帮助学生享受多样化的高中教育，多样化人才将大量涌现。

　　特色普通高中建设，让上海市高中教育生态发生了可喜的变化。在上海市高中教育的生态园里，既有垂直分布的参天大树、高大乔木、矮实灌木，也有横向分布的不同功能的园区，比如，环境素养园、跨文化交流园、运动健康园、戏剧欣赏园、美育展示园、航海文化园、航空航天园等。

　　为了能在上海市高中教育这个生态园里有一席立足之地，建成"航空航天教育"主题园区，我带领闵行三中全体师生在这块土地上布局谋篇、精耕细作，开启了一趟艰辛的"育空天素养，树时代新人"的逐梦之旅。

立足脚下，扑倒身子，科学分析这片土地的营养成分、适宜物种；投入真情，改良土壤，营造适合空天梦想生长的环境，为梦想的种子找到一片肥沃的土地。

濒危物种，飞天重生，点燃生命之光；播种希望，接续努力，绽放绮丽梦想。2011 年，濒危植物种子搭载天宫一号巡游太空，引起轰动，激荡梦想。我们抓住这一关键事件，讲好"飞天种子"故事，竖立起园区主题标志。

顶层设计，精准定位，畅通支路与干道交通，厘定"空天素养"四梁八柱；分区同步，滚动开发，标识领域与方位，图谱"逐梦空天"阡陌纵横。

激发内驱动力，金牌导游引领，梯队接续成长，让导游有吸引力；立足顾客至上，突显"空天"主题，优化解说方式，让游客有获得感。培养专业导游，增强游园体验。

展示特色项目，交流创意实践，集聚优质资源，扩大品牌效应；营造"空天"氛围，开展研学旅行，建设创新实践场馆，再造云端"空天微校"。打造特色精品，丰富文化内涵。

优化组织管理，开展个性服务，拓宽感知渠道，提升大品牌价值；坚守办园宗旨，让特色彰显特质，从优秀走向卓越，让这片园区成为有志少年奔赴星辰大海的新起点。

2021 年阳春三月，闵行三中"航空航天教育"被命名挂牌，成为上海市高中教育生态园中第五批被命名的单位，编号为 13—15。这块特色教育园地在立项、设计、建设、评估、验收和发展中倾注了主管部门、业务部门、社会各界和全校师生的真情、智慧和汗水，在此，一并表示崇高的敬意和诚挚的谢意！

园区建成不久，开放时间不长。无论是设施设备，还是管理和服务，一定还有很多不尽如人意的地方。期待您在游览和体验之后，给我们留下宝贵的意见和建议。

是为序。

王全忠

2023 年 2 月

目录

第一章

酿梦：一方土地与一所学校

这是一方神奇的土地。中国第一台万吨水压机、中国第一套6000千瓦火力发电机组、中国第一套30万千瓦核电机组……一个个"第一"引领中国装备制造业的快速发展。"神舟"飞天、"北斗"组网、"嫦娥"奔月、"天问"探火、大型客机一飞冲天……航空航天教育应时而生，乘势而上，"飞天梦"从这里启航。

这是一所别样的学校。以"四大金刚"孕育"工业强国"初心，以"航天闵行"催生"空天素养"培育，以"教育生态"滋养"尊重教育"文化，以"强国梦想"加速"航空航天教育"征程。以"拼命三郎"精神塑造学校教育品格，以"奋发荣校"情怀提升学校教育品位，以"尊重教育"文化滋养学校教育品质。

闵行三中始终与民族振兴同频，与时代发展偕行。

第一节 一方神奇的土地

这方神奇的土地就是老辈上海人口中的"老闵行"，即今天的江川路街道和吴泾镇部分及其附近地区。

乘坐轨道交通 5 号线，出江川路站向西走，宽阔的马路上方被香樟合围，这就是远近闻名的"闵行一条街"，也被人们称为"中华香樟街"。

"闵行一条街"的建成是我国的一个传奇。1959 年，党和政府在闵行吹响了建立机电工业区和与之相配套的工业卫星城的集结号，十万建设大军只争朝夕地以"一天一层墙，两天一层楼"的速度，只用了短短 78 天时间，在一片农田上筑起了一条宽阔的柏油大道，在道路两侧建成了 31 幢 4 至 5 层的"工人新村"和 6 幢底层为商店的住宅，并完成了 10 个公共服务设施项目。其中，闵行饭店是上海解放后建造的第一座花园饭店。集住宅、商场、饭店于一体的商业大街的落成，满足了"四大金刚"企业员工的住宿、购物、文化、健身、休闲等需求，为中华人民共和国成立 10 周年献上了一份厚礼。这是当时上海人引以为豪的建设成就，标志着乡镇闵行向工业闵行的迅速转变。

"闵行一条街"所在的江川路，老闵行人至今还习惯叫它"一号路"。一是因为这是上海第一条六车道大马路，宽近百米，适合各种大型车辆运输；二是因为作为我国重工业摇篮的"四大金刚"，其工业技术资料极其珍贵，安保级别都比较高。"一号路"承载着我国重工业开拓者的责任与担当，也承载着老闵行人的自豪与荣光。

改革开放之初，全国首批国家级开发区之一——上海闵行经济技术开发区向世界发出邀约，"一号路"向西延展。世纪之交，中国航天科技集团公司第八研究院、中国商用飞机有限责任公司（以下简称中国商飞）、中国航发商用航空发动机有限责任公司（以下简称中国航发商发）、知名高校等迁址落户于此，"一号路"向北、向东伸展臂膀。新时代，国家级高新园区、全球创新创业园区"腾笼换鸟"，"一号路"再次向东张开怀抱。"一号路"是中国工业从传统走向现代的转型之路，是中国城市由小乡镇迈向大都市的蝶变之路，是中华民族从站起来、富起来到强起来的复兴之路。

让我们沿着"一号路"，去触摸历史、领略文化和汲取力量。

一、创造奇迹的"四大金刚"

"四大金刚"是老闵行地区作为我国第一批工业卫星城的代名词，孕育了现代工业文明，并以其可歌可泣的创业精神和底蕴深厚的企业文化催生并滋养了闵行三中。

20世纪50年代，中国的电力供应严重短缺，工农业生产急需强大的电能和动力。党中央、国务院决定，要在上海闵行建设我国第一个发电设备工业制造基地及机电工业区。于是，上海市区的一些工厂纷纷迁址闵行，十数万产业工人和科技人员集结闵行。以上海锅炉厂、上海汽轮机厂、上海电机厂和上海重型机器厂这"四大金刚"为脊梁的国营大厂，在我国重工业大建设、大发展的这片热土上筑起了第一座工业卫星城。

中国科学院院士汪耕，见证了中国电机工业从无到有、从小到大的发展历程。电力是什么？汪老认为，电力就是先在锅炉里烧出蒸汽，再把锅炉里的蒸汽放到汽轮机里，最后由汽轮机带动发电机发电。当年把锅炉厂、汽轮机厂、电机厂这三大动力厂建在闵行，就是因为它们之间有着紧密的联系。

（一）共创蒸蒸日上的生活

上海锅炉厂是我国最早创建的专业制造发电锅炉的国有大型企业。它的前身为美商慎昌洋行于1921年在上海杨树浦路开设的慎昌工厂，1952年改名为浦江机器厂，1953年被命名为上海锅炉厂，1997年改制为上海锅炉厂有限公司。经过半个多世纪的开拓进取，它已成为电站锅炉及成套、大型重化工设备、电站环保设备以及特种锅炉、锅炉改造、建筑钢结构等产品与服务的重要提供商之一。近年来，公司的电站锅炉制造总量位居国内首位，产品质量达到国际先进水平，产品遍及各省区市，行销美国、加拿大等 20 多个国家，并创下了几十个"中国第一"。公司参与的"超临界 600MW 火电机组成套设备研制与工程应用"项目获 2008 年度国家科学技术进步奖一等奖，参与的"超超临界 1000MW 火电重大装备研制与产业化"项目获 2009 年度中国机械工业科学技术奖特等奖。

20 世纪 80 年代，我国电力工业发展需要更加先进的大型火电机组。根据国家部署，上海锅炉厂从美国燃烧工程公司引进的是 30 万千瓦级锅炉技术。上海锅炉厂的技术人员通过对焊接材料和技术的突破，成功开发出直流锅炉、控制循环锅炉和自然循环锅炉三种炉型，为我国电力工业贡献了三分之一的国产发电锅炉。后来，从阿尔斯通公司引进超超临界 1000MW 塔式锅炉制造技术时，国外专家只向上海锅炉厂转让了适合于燃烧烟煤的锅炉技术，而高水分褐煤燃烧锅炉技术被视为核心技术，因担心中国抢占市场而不提供转让。但是，在欧洲主要燃烧的煤就是褐煤，如果不掌握这种技术，开拓国外市场无异于天方夜谭。上海锅炉厂的技术团队没有因此放弃，而是不计其数地翻阅资料，不分昼夜地计算分析，不厌其烦地现场调研，终于研制出了高水分褐煤燃烧锅炉技术。如今，借着"一带一路"的东风，该项技术已经在巴基斯坦落地。

公司始终坚持科学发展，注重高新技术创新，不仅实现了节能减排和国有资产保值增值的目标，还积淀了"蒸蒸日上"的企业文化：企业精神是"共创蒸蒸日上的生活"，企业使命是"创造动力之源，推动社会进步"，核心价值观是"修炼人品、塑造精品、追求卓越"，发展愿景是"打造国内第一、国际一流的世界级工厂"。

（二）从一做起，追求卓越

20 世纪 50 年代，上海汽轮机厂在一个当时只能生产"电动葫芦"、小型水泵等产品的通用机器厂的基础上诞生了。建厂伊始，工厂就接受了试制我国第一台 6000 千瓦汽轮机的光荣任务。

汽轮机要在高温、高压下高速运转，技术含量极高，对关键零件的加工精度有着近乎苛刻的要求，误差需要控制在 1 丝以内，即 0.01 毫米。当时，图纸要求汽轮机叶根及其公差是 0.9 丝，而工厂最好的铣床公差是 2 丝以上。由于设备和工艺落后，加上缺乏经验，在试制过程中走了不少弯路。为了解决这一问题，数百名技术工人发扬自力更生、艰苦奋斗的精神，白天查阅图纸，学习了解质量难点，到现场察看，晚上反复讨论研究，一改再改技术方案。每一次失败都是一个新的起点，大家相互鼓励，咬牙坚持，一丝不苟、精益求精，最终制造出符合质量要求的转子和叶片。从此，"一丝不苟、精益求精"的精神引领着上海汽轮机厂的工人制造出从小容量到大容量、从火电到核电的重型燃机，从亚临界到超临界，再到超超临界，不断创造着中国汽轮机制造的新纪录。

上海汽轮机厂让人肃然起敬的不仅仅在于它对中国电机设备制造的开创性贡献，还在于它鼓舞国人的"海纳百川，融合创新；从一做起，追求卓越"的企业精神，更在于它堪称现代企业标准的"崇一文化"：体现"人的生命高于一切"的企业价值观，发扬"万众一心、爬坡登峰"的团队精神，弘扬"追求卓越、永做一流"的创新意识，牢记"一丝不苟、精益求精"的质量理念，推崇"第一次把工作做好"的行为准则，树立"从一做起、从我做起"的工作作风，崇尚"国内领先、国际一流"的品牌理念，营造"把每一件简单的事做好就是不简单，把每一件平凡的事做好就是不平凡"的工作氛围。

（三）"扁担电机"开新局

上海电机厂成立于1949年12月，从20世纪50年代起，成为全国制造汽轮发电机和大中型交直流电机的重点骨干企业。在国庆十周年的游行队伍中，上海电机厂的工人自豪地扛着世界首创的双水内冷汽轮发电机的模型，走过了上海人民广场，这是上海机电制造工人向国庆十周年献上的一份厚礼。

党的十一届三中全会后，全国经济迎来大发展。但是，像上海电机厂这样的国营大厂不仅"吃不饱"，还"不知道"。比如：许多糖厂的设备陈旧，不知道；煤矿行业需要防爆电机，不知道；橡胶行业需要封闭电机，也不知道。于是，上海电机厂当即组织技术人员成立调查组，厂领导亲自带队前往广东顺德糖厂调研。当调查组在糖厂看到"第一大糖厂"至今还在使用落后的蒸汽机产糖时感到十分惊讶，当即和糖厂领导、技术人员商量改造方案，几经研究后决定在不改变糖厂原有榨糖工艺的前提下，用直流电机代替蒸汽机。

方案定了，交货期成了瓶颈。当时已是5月份，糖厂开榨一般是10月份，周期只有 5 个月，而中型直流电机的生产周期至少 9 个月，远不能满足糖厂开榨的需要。那么，是满足用户还是打"退堂鼓"？李文华厂长经深思后当场拍板，保证按期交货、如期开榨，就这样签订了合同。

调查组回厂后，立即开始攻关。这时，糖厂厂长风尘仆仆地赶到了上海，忧心忡忡地对李文华厂长说："厂长啊，你们走后我吃不下饭睡不着觉，想来想去，还是要来上海一次。你们万一交不了货，影响如期开榨，农民的损失谁负责，厂里的损失谁承担？到那时，几千蔗农会拿起扁担把我打死的。"李文华厂长听了这番话，拍着胸脯斩钉截铁地说："我们说话算数，绝对保证按期交货，让你们如期开榨。万一出了问题，我一定跑到广东替你挨扁担，你不用担心。"

一场日日夜夜不停歇、分分秒秒不延误地赶制压榨电机的攻坚战在上海电机厂打响，每条战线每个班组都制订了严密的生产计划，凡和这个任务有关的加工任务一律绿灯，开足马力加紧赶制。终于提前完成生产任务并把设备运到现场。电机厂除了派技术人员赶赴糖厂进行安装，一次调试成功，终于保证糖厂如期开榨顺利产糖，还为用户举办了设备使用维修培训班。糖厂厂长眉开眼笑地说："上海，好样的！"后经测试，产能提高了 40%，能耗降低了 38%，经济效益增加了 40%。

顺德糖厂技术改造成功的消息不胫而走，从南到北，从糖厂到矿山，纷纷要求上海电机厂帮助他们更新设备，一时传为佳话。就此，"扁担电机"精神成了上海电机厂的企业精神。李文华厂长这样概括："'扁担电机'精神就是为开创新局面勇挑重担的精神……要勇于给自己压担子，以新品种开创新局面。"

从 1954 年成功制造我国第一台 6000 千瓦空冷汽轮发电机，结束了我国自己不能制造汽轮发电机的历史，到 1981 年顺利交付广东顺德糖厂一批急需的替代老式蒸汽机的直流电动机，再到 2020 年成功研制国内首台 38MW 级异步电动机和 51.2MW 级同步电动机……在"扁担电机"精神的影响下，一代代上电人不断挑战自我，创造了一个又一个"上电速度"。

（四）万吨重担万人挑，泰山压顶不弯腰

1949 年以后，国家经济建设发展的紧迫性使得电力、冶金、重型机械和国防等行业迅速复苏，大型锻件的需求猛增，而当时国内仅有的几台中小型水压机根本无法锻造大型锻件，只能靠国外高价进口。

"要掌握发展的主动权，摆脱这种依赖进口的局面，就一定要有中国自己的工业母机。"1958 年，毛泽东主席批准了自行建造万吨水压机的建议，国家煤炭工业部把任务下达给上海。当时，所有设计人员几乎都没有亲眼见过万吨水压机，可以参考的资料少之又少。广大设计人员迎难而上，跑遍了全国有中小型锻造水压机的工厂，认真考察和了解设备的结构原理及性能。为了避免返工修补等，他们决定先造一台 120 吨的试验水压机和一台 1200 吨的试验水压机，在积累经验的基础上再正式建造 1.2 万吨水压机。

在制造这台万吨水压机的过程中，工程技术人员、工人师傅紧密配合，创造了"电渣创奇迹，巧缝百家衣""大摆楞木阵，银丝转昆仑""蚂蚁啃泰山，合力攻'金'关"等诸多"土洋结合"的方法，在技术上闯过道道难关。如今，万吨水压机旁边的"万吨重担万人挑，泰山压顶不弯腰"的横幅依旧鲜红夺目。足足有六层楼高的水压机像一个钢铁巨人，工人师傅们在巨大的压力下，顺利地完成拔长、镦粗、切断等操作工序……上海重型机器厂的这座庞然大物就是我国自行设计制造的 1.2 万吨自由锻造水压机。此后，上海重型机器厂又在"华龙一号"核反应堆压力容器、蒸发器、堆内构件主设备大锻件整体成套交付上实现了突破，掌握了异形截面大直径筒体锻造成型技术等 15 项关键技术，有力支撑了我国具有完整自主知识产权核电技术的核岛主设备国产化研制任务。

神奇的"四大金刚"不仅创造了我国工业建设的众多"第一"，还培育了"扁担电机""万吨重担万人挑，泰山压顶不弯腰"的企业精神，积淀了"崇尚一流、追求卓越""一丝不苟、精益求精"的企业文化。

二、助力腾飞的"航天闵行"

"航天闵行"的集结号引来了众多航天科研院所。上海航天设备制造总厂在闵行三中校园里矗立起巨大的火箭模型，中国航天科技集团公司第八研究院 509 所、812 所送来了不同型号的卫星模型，上海航天建筑设计院为我们整体设计了"空天文化"环境，802 所、805 所、812 所等的众多专家走上了闵行三中的神舟讲坛，为闵行三中的航天教育集聚了宝贵资源。"航天闵行"的进军号加速了老工业区的经济转型和事业腾飞，也把闵行三中送上了航空航天教育的快车道。

（一）"航天闵行"的崭新名片

2003年初，中国航天科技集团公司第八研究院和闵行莘庄工业区在探讨上海航天科研与产业未来发展时，形成了一个共识，即在莘庄工业区建立上海航天城，将位于漕宝路的中国航天科技集团公司第八研究院的总部和所属的多个研究所集中落户于莘庄工业区。2003年8月，中国共产党上海市闵行区委员会（以下简称闵行区委）向中国航天科技集团公司第八研究院党委正式表明，从莘庄工业区已经动工的项目和预留的项目中进行调剂，在规划区域内划出将近一平方公里的土地作为上海航天城的管理、科研和生活基地。

2003年底，上海航天城的第一个项目就破土动工了，办事效率堪称航天速度。上海航天城的建立，既使上海航天事业进入了一个新的发展阶段，也提高了莘庄工业区的知名度，为莘庄工业区的发展注入了活力。不仅如此，闵行区的功能定位也发生了深刻变化。2004年，中国航天科技集团有限公司与上海市人民政府决定共同投入巨资，在闵行区浦江镇规划五平方公里，建立航天科技产业园基地。以航天技术与成果展示为特色，运用声、光、电、仿真技术等现代高科技展示手段，通过互动体验、寓教于乐的表现形式，突出知识性、教育性、参与性，弘扬航天精神，推广科普文化，倡导科学休闲，建成具有世界一流水平的大型科普教育基地。为此，上海市人民政府在对闵行区的产业功能进行定位时，确定以航天产业作为闵行区未来发展的主体。自此，"航天闵行"成了闵行区的一张崭新名片。

（二）打造重器的"航天八院"

中国航天科技集团公司第八研究院，又称上海航天技术研究院，创建于1961年，是中国航天科技集团有限公司三大总体院之一。

从"先锋批"仿制导弹三发三成，到7型自研装备先后参加国庆50周年和60周年、抗战胜利70周年、建军90周年、国庆70周年阅兵，战术型号捷报频传，有力支撑了我国世界一流军队建设。

从风暴一号"一箭三星"到新一代运载火箭长征六号首飞"一箭20星"，长征火箭踏入"400+"的新里程，承担了我国 90% 以上太阳同步轨道卫星发射任务，大幅提升了中国利用空间能力，全面提升了全球探测能力。

从风云一号极轨气象卫星首问苍穹到两代四型 19 颗风云卫星，助推我国从气象大国迈向气象强国。

从神舟一号"争八保九"到"天和"核心舱成功发射，开启我国空间站时代。"天和"遨游，圆满完成载人航天工程任务，圆中华民族千年飞天梦。从嫦娥一号实现月球环绕探测到天问一号飞行四亿公里，实现我国首次自主火星探测"绕着巡"一次成功，实现中国航天从地月系向行星系探测的跨越。"嫦娥"奔月，嫦娥四号实现人类首次月背软着陆探测，嫦娥五号轨道器和对接机构助力探月工程"绕落回"三步走圆满收官。"羲和"逐日，实现我国太阳探测零的突破，中国正式进入"探日"时代。从"五朵金花"军民结合到新基建、新能源、新装备、新材料、新服务"五新"产业发展格局基本成形……上海航天技术研究院从一张白纸起步，将型号成功作为安身立命之本，将"发发成功"作为持之以恒的目标，逐步发展成为"弹、箭、星、船、器"多领域并举、军民产业结合的综合性航天产业集团，奠定了中国航天事业主力军的地位。

（三）精彩演绎"航天精神"

上海航天技术研究院旗下现有多家总体设计、总装单位和专业技术研究所。在长期的战略合作中，闵三人深切感受到航天人对航天三大精神的传承与光大。

上海航天设备制造总厂是上海航天技术研究院最早迁址闵行的企业，目前是我国集运载火箭、航天飞行器和战术武器于一体的大型军工骨干企业，一直从事"弹、箭、星、船、器"各类航天产品的研制生产，具备丰富的航天产品研发技术和经验。以"创人类航天文明，铸民族科技丰碑"为使命，倡导"以国为重，以人为本，以质取信，以新图强"的价值观，努力实现"铸一流航天制造企业，建自豪幸福总厂家园"的企业愿景。

上海航天技术研究院 812 所是八院卫星总装试验基地、上海市空间环境模拟与验证工程技术研究中心、八院空间环境模拟与试验技术研发中心，负责开展卫星总装集成、航天器环境试验技术研究，以及相关设备与产品的研制，是我国"风云"系列气象卫星系统集成与试验单位，是我国大型航天器 AIT 中心。建有国际一流的卫星 AIT 总装总测厂房和上海市力学、真空、磁场、定标等空间环境模拟实验室，并取得 CNAS 实验室认证。主要承担卫星整星工艺设计、卫星总装、力学与空间环境试验、电磁兼容试验、质量特性试验、磁环境测试，以及卫星靶场发射试验等工作。812 所现已形成体验式航天精神教育平台，让员工从事有尊严的工作，享受有温暖的生活，做一名自豪的航天人。

上海航天技术研究院 802 所是我国从事精确制导、光电近程探测、数据通信、卫星有效载荷、近场目标特性、电磁环境效应、智能交通等领域技术研究、产品研制试验与生产的国家重点科研事业单位。20 世纪 60 年代，第一次飞行试验，连装备车都没有，试验队员用拖车将产品抬到汽车上，再由人抱着运送到试验场。靠着这种不服输的劲头，研制工作取得了很大进展，1984 年型号试验首战告捷，拉开了制导专业发展的序幕。同时，也培养了一批设计人才，为后续重要型号研制积攒了实力。这些宝贵人才相继攻克了多项关键技术，使产品达到国际同类先进水平，跻身国内制导专业前沿行列。在此后的产品研制中，802 所发扬"砸锅卖铁也要搞成功"的精神，创新驱动，攻克关键技术，提升研制能力和技术水准，为型号发展装上强劲引擎，创造了核心产品研究史上的奇迹，在核心业务领域成了名副其实的国内一流。

上海航天技术研究院 509 所是我国气象卫星的摇篮和对地遥感、空间监测、深空探测系列卫星的主要研制基地，主要承担了气象、科学试验、微波遥感、电子等系列卫星的研制工作。40 余年来，共成功研制并发射了"风云"系列、"实践"系列、"遥感"系列等多颗卫星，发射成功率为 100%。在我国科学实验、国土资源普查、农作物估产及防灾减灾等领域发挥了积极作用，使我国成为少数几个能同时研制、发射、管理静止和极轨气象卫星，并由此形成气象监测应用系统的国家之一。

上海航天建筑设计院隶属上海航天技术研究院，是具有建筑设计甲级、军工工程设计乙级等资质的综合性设计单位，承担各类航天工业建筑和各类民用建筑的建筑设计、工程咨询、工程项目建设管理等业务。该院本着"团队、精品、无限"的企业精神，始终坚持为客户实现最优产品价值，为单位创造无限向上空间，为员工提供充分发展平台。闵行三中校园的"空天文化"环境建设就是该院的杰作。

三、高新企业的创新热土

老闵行地区作为上海南部的科创中心，中国商飞、中国航发商发、中国航空无线电电子研究所（以下简称上电所）等飞机研发制造企业和"零号湾——全球创新创业集聚区"（以下简称"零号湾"）的入驻，既为闵行三中学生提供了航空体验学习、创新创业实践的新天地，也为闵行三中的航空教育装上了新引擎。

（一）中国商飞

中国商飞于 2008 年 5 月 11 日在上海成立，既是我国实施大型飞机重大专项中大型客机项目的主体，也是统筹干线飞机和支线飞机发展、实现我国民用飞机产业化的主要载体。其研发机构入驻闵行紫竹国家高新技术产业开发区。公司强化研发设计、总装制造、市场营销、客户服务、适航取证、供应商管理六大能力，统筹安全性与经济性、自主创新与资源利用、体制创新与人才培养、研制攻关与产业壮大、政府主导与市场运作等关系，实施企业文化、人才强企、信息化、品牌化四大战略，着力打造研发设计、总装制造、服务支援三大平台，大力发展干线飞机、支线飞机，创建国际一流航空企业。

（二）中国航发商发

中国航发商发于 2009 年 1 月 18 日在上海成立，坐落于闵行紫竹国家高新技术产业开发区，是我国大型客机发动机项目的责任主体和总承制单位。中国航发商发秉承"航空报国、强军富民"的集团公司宗旨和"敬业诚信、创新超越"的集团公司理念，大力发展军民用运输机产业，研制生产新舟 60、新舟 600、新舟 700 系列涡桨支线飞机，以及运 -8 飞机、运 -12 飞机、直 -9 直升机等多种机型，是 ARJ21 支线客机的主要研制者和供应商，是大飞机重大专项的主力军。中国航发商发以构建我国大涵道比航空发动机研发、制造、装配、试车、服务网络体系为主线，以"自主研制与国际合作并举"为手段，充分利用国内外研发与制造资源，建立资源集成网络。通过共同设计研制，突破关键技术，实现从发动机零组件到整机自主设计、研发、制造，不断培育和巩固公司的核心能力，打造强劲"中国心"，驱动中国大飞机翱翔蓝天。

（三）上电所

上电所始建于 1957 年，总部地处上海市闵行区紫竹科学园区内，主要从事航空电子综合技术研究，军民机航空电子、航空无线电通信导航系统及产品研制。上电所始终以"科技报国、装备强军、事业圆梦"为使命，把科技作为创业之源，把装备作为企业价值的载体，把事业作为员工心中的梦想。他们用每一项科技突破表达科研工作者的报国情怀，用每一型新装备交付抒发研发工程师的强军追求，用每一个员工事业成长帮助上电所人圆梦航空。努力成为"国内领先、国际一流"的军民航空电子系统与任务设备供应商，让飞行智能、简单、可靠，让天空智慧、安全、高效。

（四）"零号湾"

"零号湾"是由闵行区人民政府、上海交通大学、上海地产（集团）三方共建的，以打造上海南部科创中心为己任，通过上海交通大学的人才科技资源，上海地产（集团）的产业服务、资本配置，闵行区人民政府的环境打造、政策协调，打造创新创业全产业链的孵化服务。"零号湾"以改善创业环境、促进大众创业、优化创新环境为宗旨，发挥科技、人才、信息、平台、资源、资本的集聚优势，为创业者提供适合初创企业起步的生态园区，以及相应的创业加速器和接力园。着眼初创企业，主要培育和孵化科技型创业企业，通过搭建完整的创业服务平台和成长培育生态体系，目前已吸引和凝聚一批国内外高校创新人才、产业创新人才和技术创新团队入驻创业，为闵行三中学生体验科创、从事科创提供了优质资源。

四、优质均衡的教育生态

20 世纪 50 年代，在老闵行的这块土地上，建成我国第一批工业卫星城；改革开放初期，设立上海闵行经济技术开发区；新时代，崛起了"零号湾""紫竹半岛"等高新技术产业区。经济的大发展、大繁荣，促进了教育、科技、文化等社会事业的大发展、大繁荣，形成了大中小幼有序衔接、普职协调发展、品类齐全、优质均衡的教育高地。体系完备、优质均衡的教育生态，为闵行三中学校教育发展提供了基础和保障。

（一）基础教育：一个学区两大集团

江川路街道辖区内的基础教育资源非常丰富，截至 2023 年 4 月，共有中小幼学校 38 所（含分校、分园 53 所），学生共计 2.54 万人。江川路街道党工委聚焦优质均衡，优化学区布局；聚焦科技创造，打造学区文化；聚焦机制建设，创新学区管理；建成以"香樟文化"为标志、以科技创造为特色、以个性化教育为特质的"交大—江川"基础教育学区。闵行三中作为学区初中教育联合体轮值主任校，携手学区内 6 所初中学校共建优质资源，让每一所学校都成为"家门口的好学校"。

闵行中学教育集团由闵行中学、闵行三中、华东理工大学附属闵行科技高级中学（以下简称华理科高）、上海市民办文绮中学、闵行中学附属实验中学、闵行区中心小学、闵行区江川路小学、闵行区华坪小学等 25 所学校组成，涵盖小学、初中及高中三个学段。集团以"协力、融通、合作、成长"为理念，通过教师柔性流动、师徒带教，学校特色培育、经验分享、品牌建设等重点工作，实现各校办学理念、管理模式、资源建设再优化，有效促进了区域教育水平优质均衡、可持续发展。龙头学校——闵行中学，与七宝中学南北呼应，作为闵行区本土的 2 所市实验性示范性高中，成为闵行教育强区的两大支点。闵行三中成功挂牌上海市第五批、闵行区第一所特色普通高中，华理科高入选首批上海市教育信息化应用标杆培育校，为老闵行地区的学生提供了更多优质教育的选择。

上海交通大学附属中学（以下简称交大附中）（闵行）教育集团是以交大附中闵行分校为核心，由交大附中闵行分校、上海交通大学附属第二中学、上海交通大学附属实验小学、上海交通大学幼儿园等以"上海交大附属"冠名的一系列中、小、幼学校为骨干，形成纵向贯通中小幼各学段、横向连接社企校各层面的办学格局，以优质资源和品牌引领教育集团发展，把教育集团打造成区域教科研平台、课堂教学示范基地、教师专业发展高地，促进闵行基础教育优质均衡发展，办好百姓家门口的学校。

（二）高等教育：两所 985 高校

上海交通大学是我国历史最悠久、享誉海内外的著名高等学府之一，20 世纪二三十年代已成为国内著名的高等学府，被誉为"东方麻省理工"。抗战时期，广大师生历尽艰难，移转租界，内迁重庆，坚持办学；不少学生投笔从戎，浴血沙场。1949 年前夕，广大师生积极投身民主革命，学校被誉为"民主堡垒"。1949 年初期，学校调整出相当一部分优势专业、师资设备，支持国内兄弟院校的发展。20 世纪 50 年代中期，学校响应国家建设大西北的号召，经历西迁与分设，分为交通大学上海部分和西安部分，1959 年 3 月两部分同时被列为全国重点大学。20 世纪六七十年代，学校积极投身国防人才培养和国防科研，为"两弹一星"和国防现代化作出了巨大贡献。改革开放以来，学校以"敢为天下先"的精神，锐意推进改革，完成了综合性大学的学科布局。通过国家"211 工程""985 工程""双一流"建设，实施国际化战略取得重要突破。1985 年开始闵行校区建设，现已基本建成设施完善、环境优美的现代化大学校园，并完成了办学重心向闵行校区的转移，整体实力显著增强，为建设世界一流大学奠定了坚实的基础。

上海交通大学始终把人才培养作为办学的根本任务，一百多年来，为国家和社会培养了一批杰出的政治家、科学家、社会活动家、实业家、工程技术专家和医学专家等各类优秀人才，创造了中国近现代发展史上的诸多第一：中国最早的内燃机、最早的电机、最早的中文打字机等，我国第一艘万吨轮、第一艘核潜艇、第一艘气垫船、第一艘水翼艇、自主设计的第一代战斗机、第一枚运载火箭、第一颗人造卫星、第一例心脏二尖瓣分离术、第一例成功移植同种原位肝手术、第一例成功抢救大面积烧伤病人手术、第一个大学翻译出版机构、数量第一的地方文献等。这所英才辈出的百年学府正乘风扬帆，以传承文明、探求真理为使命，以振兴中华、造福人类为己任，向着中国特色世界一流大学目标奋进。

上海交通大学于 1935 年首设航空门，为国家培养出人民科学家钱学森、国家最高科学技术奖获得者顾诵芬、"歼 -7"总师屠基达、"运 -10"总师马凤山等航空航天杰出英才。2002 年复建航空航天工程系，2005 年成立航空航天技术研究院，2008 年成立航空航天学院。学院下设飞行器设计系、航空宇航信息与控制系、航空宇航推进系，以及临近空间研究中心、吴镇远空气动力学研究中心和航空宇航系统工程研究中心，拥有"航空宇航科学与技术"一级学科博士点，"飞行器设计"入选首批国防特色学科。闵行三中于 2012 年与上海交通大学航空航天学院签署战略合作协议，闵行三中的航空航天创新实践场馆成为该院研究生的实习基地。

上海交通大学航空航天学院秉承交大"敢为人先"的气魄，心怀"航空航天报国"的精神，砥砺奋发，自强不息，聚焦特色谋突破，提升内涵求发展，各项事业取得了快速发展。学院以创办国际知名、国内一流的航空航天学院为发展愿景，发挥高水平综合性大学和学科交叉创新平台的优势，坚持内涵发展和创新突破，坚持价值引领和情怀培育，坚持对接国家重大战略需求，坚持国际化办学，铸造交大航空航天品牌，走出交大特色的一流学科发展之路，为祖国航空航天科技事业精准培养和输送具有坚定家国情怀、扎实专业基础、浓厚行业兴趣、崇高学术追求的航空航天领域复合型高素质人才。

华东师范大学是由国家举办、教育部主管，教育部与上海市人民政府重点共建的综合性研究型大学，位列国家"双一流""985 工程""211 工程"行列。2002 年启动闵行校区规划建设，2006 年主体搬迁到闵行校区，形成了"一校两区、联动发展"的办学格局。作为 1949 年后组建的第一所社会主义师范大学，学校始终秉承"智慧的创获，品性的陶熔，民族和社会的发展"这一崇高大学理想，恪守"求实创造，为人师表"的校训精神，全面深入贯彻党的教育方针和各项决策部署，落实立德树人根本任务，为党育人、为国育才，为建设教育强国培养了一大批优秀教育人才。2022 年，闵行三中与华东师范大学外语学院、体育与健康学院签约，成为上述两个学院本科生和研究生的见习、实习基地。

（三）专注制造的职业教育

上海电机学院是一所面向先进制造业及现代服务业，以工学为主的普通高等院校。学校秉承"明德至善、博学笃行"的校训和"自强不息、追求卓越"的学校精神，坚持"技术立校，应用为本"的办学方略，坚持产教融合发展，立足上海、辐射"长三角"，服务区域社会经济发展，并通过产学研深层次、制度化合作，努力打造符合上海社会经济发展需求、服务上海先进制造业及其相关服务业发展需要、具有技术应用型本科内涵实质和行业大学属性特征的特色型高等院校。国家级工程实践教育中心、上海装备制造产业发展研究中心等，助力学生工程素养培育，致力于培养德智体美劳全面发展，专业知识精、应用能力强、综合素质高，能解决实际工程技术问题，具有创新精神的卓越的高等技术应用型人才。2021 年，闵行三中与上海电机学院马克思主义学院牵手，成为大中小学思政课一体化建设合作校。

上海市群益职业技术学校是一所闵行区教育局直属的公办学校，始建于1980 年，是国家级重点职业高级中学及国家中等职业教育改革发展示范学校。40 多年来，学校坚持以服务为宗旨，以就业为导向，贴近社会经济发展需求，开设了数控技术应用、学前教育、服装设计与工艺、汽车运用与维修（汽车机修）、机电技术应用（工业机器人应用与维护）、汽车整车与配件销售、园林绿化（园林植物造景设计）等专业。在深入开展校企合作的同时，学校大力加强校校合作的力度，分别与上海电机学院、上海行健职业学院、上海东海职业技术学院、上海交通职业技术学院、上海济光职业技术学院架起了中职与高职贯通的升学"立交桥"，呈现出学校、院校、企业、学生"多赢"的局面。2018 年，闵行中学教育集团成员校集体与上海市群益职业技术学校签约，共建学生职业体验基地。

上海电子信息职业技术学院是一所有 60 多年办学历史的公办全日制普通高等职业院校，闵行校区位于剑川路"零号湾"。学校是"国家示范性高等职业院校建设计划"骨干高职院校，以培养具有国际视野的知识型、创新型、复合型高素质技术技能人才为目标，致力于打造成一所办学特色鲜明、国内一流、具有国际影响力的服务经济社会发展的技术应用型高校。学校设有电子技术与工程、通信与信息工程、机械与能源工程、经济与管理、中德工程、设计与艺术等专业学院，共计 37 个专业，其中国家级重点专业 8 个、上海市重点专业 10 个，构成了以电子信息和制造专业为主体，财经、艺术设计与传媒共同发展的专业体系。2021 年，闵行三中与上海电子信息职业技术学院就学生创意设计制作缔结合作关系。

第二节 一所别样的学校

闵行三中始建于 1962 年,是伴随着我国第一个重工业卫星城的兴起而开办的一所学校。60 多年的校史就是一部特色发展史。

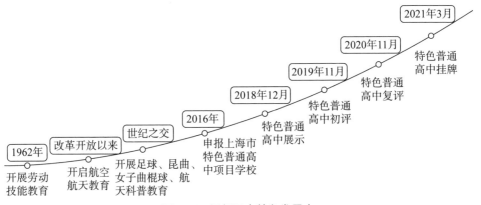

图 1-1 闵行三中特色发展史

建校之初,学校依托"四大金刚",维修电钻,组装电子元器件,开展劳动技能教育。改革开放以来,随着经济转型,工业迭代升级,航空航天科研院所、企业和高校进入闵行区,闵行三中开始把教育目光放宽到航空航天领域。20 世纪 70 年代末,学校成立航模运动兴趣小组,开启了闵行三中的航空航天教育。世纪之交,素质教育理念和实践逐步深入,闵行三中错位发展,开展足球、昆曲和女子曲棍球教育。2004 年,"航天闵行"区位发展战略提出,航天科普教育成为闵行三中航空航天教育的新项目。党的十九大标志中国特色社会主义进入新时代,提出教育要培养担当民族复兴大任的时代新人。闵行三中肩负起立德树人根本任务，把每一个学生的"航空航天梦"融入中华民族伟大复兴的中国梦，"育空天素养，树时代新人"的航空航天特色教育进入快车道。

植根于老闵行的闵行三中，在企业文化、教育文化和科研文化的浸润下，逐渐形成"拼命三郎"的精神、"奋发荣校"的情怀和"尊重教育"的文化，从而塑造了闵行三中独立的教育品格、品位和品质，同时造就了闵三人独特的心性、品性和个性。

一、以"拼命三郎"精神塑造学校教育品格

（一）"拼命三郎"精神的发育

"四大金刚"的工人在遭遇"卡脖子""使绊子"、缺技术、缺资金的重重困难时，锲而不舍、攻坚克难，那种"拼命硬干"的精神为同样艰难起步的闵行三中提供了精神动力。

1962 年 7 月，由于国家连续遭受三年困难时期，国民经济萎缩，教育经费严重不足，于是提出"两条腿走路"的办学方针。为了解决闵行、吴泾地区学生上学难的问题，闵行区适时创建了民办新闵初级中学。

开办之初，学校没有固定资产，校舍系闵行房管所公有房产，只有比较破旧的一栋两层小楼、两排平房和一块篮球场大小的操场。教学设施极为简陋，办公条件也十分艰苦。

开创之初，招收初一年级 4 个班级 170 余名学生，教职工共 8 人。1963 年 8 月，又招收 4 个班级 180 名新生，区文教局（今闵行区教育局）分来 4 名教师。1964 年 8 月，学校共计 12 个教学班，但是区文教局不再给学校分配教师，于是学校向社会公开招聘了 7 名教师。1965 年 2 月，为缓解师资严重不足，又向社会招聘了 4 名教师。

20 世纪 70 年代初，学校办学规模不断扩大，先后借用华坪街道办事处两层小楼、闵行区中心小学校舍，各安排 4 个班级上课。1972 年，闵行三中搬入华坪路 110 号。1974 年，国家投入 20 万建造新教学大楼。因建设资金缺乏，每位教职工每天义务劳动一小时来建造校舍。即使到了 21 世纪，学校在抗震加固和校

园改造时，又多次借地办学，但是学校教育教学质量不仅没有受到影响，还保持住稳中有升的良好势头。

诞生在饥荒年代、国民经济最困难时期的闵行三中，骨子里就流淌着"拼命硬干"的骨血，正是因为有了这种"拼命三郎"的精神，闵行三中在老闵行地区扎下了根。

（二）"拼命三郎"精神的成长

2010年9月，闵行区实验性示范性高中评审结果公布，闵行三中因为硬件设施不达标而没有评上，给了闵行三中师生一次重大打击。但是，坚强的闵三人很快振作起来，把目光盯在学校特色发展上，把心气聚在学生素养提升上，把精力用在提升教育质量上，以稳步提高的学生升学质量赢得了学生和家长的信赖。至今还没有一所老牌的闵行区实验性示范性学校的高中录取分数线超越闵行三中，这在闵行教育格局中是一个奇迹。

2011年，上海市教育委员会启动上海市特色普通高中建设项目，再一次点燃了闵行三中的希望。闵行三中一手抓硬件建设，改善办学条件；一手抓特色发展，主动出击，加强与上海航天技术研究院、上海交通大学航空航天学院和航空航天学会、企业合作，从课程建设、队伍培养、资源整合等方面强力推进。2016年4月，笔者领衔起草了闵行三中特色普通高中创建规划。同年7月，规划通过评审，闵行三中被批准纳入第二批项目学校。2018年12月20日，向全市展示特色创建成果。2019年11月18日，通过专家初评。2020年11月15日，通过复评。闵三人以"拼命三郎"的精神创造了上海市特色普通高中创建的"闵三速度"。2021年3月19日，闵行三中被上海市教育委员会命名为上海市第五批特色普通高中，成为闵行区第一所市级特色普通高中。

正是因为有了这种"拼命三郎"的精神，闵行三中历经挫折而不倒。这种精神包含着"万众一心、爬坡登峰""万吨重担万人挑，泰山压顶不弯腰"的创业精神，包含着"特别能吃苦、特别能战斗、特别能攻关、特别能奉献"的载人航天精神，包含着"顽强拼搏、团结协作、不断超越"的女曲女足精神，包含着"热爱祖国、敢于担当、胸怀天下"的非遗传承精神。

这些精神概括起来就是"闵三精神"，即爱岗敬业、执着追求的奉献精神，刻苦勤奋、勇于争先的拼搏精神，精诚团结、和谐共事的合作精神，与时俱进、不断开拓的创新精神。"闵三精神"塑造出闵行三中的鲜明品格，即中流击水的勇气、爬坡过坎的韧劲和翻山越岭的毅力。

二、以"奋发荣校"情怀彰显学校教育品位

（一）"奋发荣校"情怀的涵育

"四大金刚"的工人们之所以能创造出一个又一个奇迹，源于他们"为祖国争荣光"的神圣使命、"为民族争口气"的不屈精神、"为人民谋幸福"的高尚情怀，这同样成为闵行三中的兴校之魂。

1979 年 2 月，闵行三中毕业生恢复高考后首次参加高考，其中一个重点班的 53 名学生全部升入高校，其中 20 多名学生升入重点大学，如杨国珍考取北京大学地球物理系，丁文耀等考取上海交通大学。1999 年，学校教学质量达到历史上"三个第一"：高考升学率创本校历史第一；初中 74 名学生升入各类重点高中，创本校历史第一；普通高中招生分数线位列全区同类学校第一。

1984 年，学校被上海市教育局（今上海市教育委员会）评定为全市 96 所外语特色学校之一，嘉奖我校全体外语教师人手一台三洋牌录音机，用于教学。1989 年动乱期间，全校学生坚持正常学习。其间，闵行三中师生写信给电台，慰问解放军战士，感谢他们日夜保卫闵行人民的生命财产安全，保卫闵行经济开发区，保卫闵行的"四化"建设。此后，高中部的 6 名学生郑重地向党组织递交了入党申请书，学校党支部连续多年被评为先进党支部。学校"一二三四五"的家庭教育指导经验在上海市颇有影响：一套教材——中预到高三，每个年级 4 讲，共 28 讲，本校教师、社区干部、社会知名人士参与讲座；两个确保——确保 90%以上的家长接受系列指导，确保不同类型家庭（行为偏差生、离异单亲、入党积极分子、足球队员等）的家长接受分类指导；三大方针——强化管理，长年坚持，提高实效；四级网络——建立校长、政教主任、年级组长、班主任四级管理考核网络；五项制度——制定签到、测试、发结业证书、评选优秀学员、建立家长委员会五项制度。1999 年，学校成为全区唯一一所被上海市教育委员会命名的"上

海市优秀家长学校"。2001 年，又被上海市教育委员会、上海市妇女联合会评为"上海市示范性优秀家长学校"。

此后，学校先后荣获全国群众体育先进单位、全国学校体育工作示范校、国家曲棍球奥林匹克后备人才培养基地、中国曲棍球青少年运动普及和发展先进集体、全国青少年校园足球特色学校、全国航天特色学校、全国航空特色学校、全国特色教育优秀学校、全国国防教育特色学校、上海市花园单位、上海市航空特色学校、上海市航天科技教育特色学校、上海市体育传统项目学校、上海市优秀体育后备人才二线运动队学校、上海市安全文明校园、上海市文明校园，闵行区行为规范示范校、闵行区绿色学校、闵行区教育系统安全管理工作先进集体、闵行区少先队工作示范校、闵行区优秀团支部、闵行区美育特色学校、闵行区体育传统项目学校、闵行区科技教育特色示范校、闵行区先进基层党组织、闵行区文明单位等荣誉，办学绩效（高中部）荣获综合发展一等奖。

（二）"奋发荣校"情怀彰显的学校教育品位

闵三人"奋发荣校"的情怀所彰显的是闵行三中教育的正气、大气和锐气。

1. 正气

正气最早见于《孟子·梁惠王上》："吾善养吾浩然之气""观浩然者，乃天地之正气也"。正气本指一种养生之道，后经文天祥《正气歌》传扬，其内涵得到了充分扩展。他将天地正气赋予了高尚品德、坚贞气节、疾恶如仇、维护正义和为民效力等人格化内涵。"养天地正气，法古今完人"已经成为人们用来勉励个人修身的座右铭。

课堂上，探索真知是正气；班级里，守正担当是正气；与人交往时，真诚友善是正气；独处时，慎独修身是正气。我校有一位学生干部，人耿直，敢说敢做。当课代表时，他每天向老师如实评价收作业的情况，指出作业不认真者，甚至在班级当众制止抄袭作业的现象。起初不被同学理解接受，私下里曾一度被同学称为"奇葩"，后来因他的正直守信、无私无畏，渐渐得到了同学们的信任，并高票当选为学生会主要干部。这就是正气的力量！正气之所以能在闵行三中校园里得以弘扬，是因为校训"行有规"的长期训导，使大家明白了"人间正道是沧桑"。

正气教育就是要坚守"为党育人、为国育才"的初心使命，落实立德树人根本任务，教人要走正道，树立正确的价值观念和积极向上的人生态度。

2. 大气

大气是指一个人做人做事的风范、态度、气质、气度，是一个人综合素质的外显。简而言之，人的大气主要表现在对人、对事、对己三方面。其一，对人要宽容，不要斤斤计较。待人豁达大度、胸怀宽广，这是一个人具有良好修养的外在表现。古人曰："君子要忍人所不能忍，容人所不能容，处人所不能处。"历史上的成功人士大多具有化敌为友的本事，其容人、识人、用人的胸怀和雅量着实令人钦佩。春秋五霸之首的齐桓公、唐太宗李世民都是这样具有大气风范的人。其二，对事要超脱，不要深陷其中。人的一生，猝不及防的打击、始料未及的挫折、从天而降的好处、唾手可得的利益等，随时都可能发生，坦然面对即可。其三，对己要豁达，不要小肚鸡肠。一个人生活在现实社会中，吃亏、受委屈、想不通的事常有。同事、同学出言不慎轻慢了你，推优评先指标不足没有轮到你，这都算不得什么，都要豁达以对，淡然处之。战胜小我，成就大我；高调做事，低调做人。"吃亏是福""我为人人，人人为我"，这都是先贤达人的大智慧、大境界。

大气教育就是教人要有刻苦修炼、百炼成钢的意志，要有坚韧不拔、锲而不舍的毅力，要有丰厚的知识底蕴和高瞻远瞩的目光，要有不怕困难、敢打必胜的自信。

3. 锐气

锐气是指勇往直前的气势。闵行三中建校伊始，只有8位教职工，就承担了首批4个班级170多人的教育教学任务，这是筚路蓝缕、以启山林的勇气和担当。即便在闵行区实验性示范性学校评审中落选，闵三人也没有尽失锐气，而是更加励精图治，奋发有为，升学质量逐年提高，兑现了"让普通的学校不普通，让平凡的学生不平凡"的承诺，社会影响日益扩大。"奋发荣校"的情怀让闵行三中赢得了尊严和百姓的口碑。

锐气教育就是教人要有与时俱进、知难而进、突破上进的科学思维，要有历经千折百回而初心不改、气魄不衰、拼搏不减的恒心毅力，要有锐意创新、敢为人先、蓬勃向上的胆识魄力。

对学校教育来说，正气是底色，大气是外显，锐气是动能。葆有正气、大气、锐气，才能坚定学校教育的信仰、信念与信心，扛起改革的大旗，豪迈地立于改革的潮头，担负起国家大义、民族未来。

三、以"尊重教育"文化滋养学校教育品质

（一）"尊重教育"的文化理解

"尊重禀赋，开启潜能"是闵行三中的教育理念。

禀赋是指人所具有的智力、体魄、性格、能力等素质或天赋。潜能是指人潜在的能力。霍华德·加德纳提出的多元智能包含语言智能、数理逻辑智能、运动智能、音乐智能、空间智能、人际沟通智能、自然观察智能、内省智能等。人的自然禀赋是有差别的，人的优势潜能是各种不同潜能的组合。各种不同组合的结果呈现出来的就是人的差异性和个性化。学校教育要努力营造环境、创造条件，发现并发展人的禀赋和潜能。

"尊重禀赋，开启潜能"作为闵行三中的教育理念，从对象上看，它尊重的是人，是以人为本的教育，是育人的教育；从范畴上看，尊重的是教育规律、学生成长规律、办学规律，要按规律办学，按规律育人；从内容上看，尊重的是人的禀赋，是人的差异性、个性化，是因材施教的教育；从本质上看，以尊重禀赋为前提，以开启潜能为目的，发展的是人的无限可能性、德智体美劳综合素养，是全面发展的教育，是全人教育。

由此观之，"尊重禀赋，开启潜能"是先进的、科学的、有传统的、现代的办学思想和教育理念。因此，必须坚定办学的道路自信、理论自信、制度自信、文化自信，在教育教学中一以贯之、创造性地实施以尊重为价值追求的学校教育。

校训"行有规，思无疆"训导我们行为要有规矩、合规则、讲规范，思想要无疆界、无拘束、不守旧，这是对规则的尊重，是对人的主观能动性、创造性的尊重。

尊重是人类最基本的道德价值，是全球的底线伦理原则。从对象上看，包括尊重自我、尊重他人、尊重社会、尊重自然、尊重知识等。

尊重自我，要求坚守自我人格、爱护自我形象、完善自我习惯、珍惜自我生

命等。尊重他人，从对象上说，包括对身份地位低的人、有缺点的人、伤害过自己的人，甚至对手、敌人的尊重；从态度、场合、礼仪上说，包括聆听、守时、宽容、欣赏等。尊重社会是指遵守规则、承担责任、维护权利。尊重自然是指与自然有共生意识，尊重自然规律，绿色发展，保护生态。尊重知识是指尊重业绩、尊重人才、尊重创造、尊重多元文化。

（二）"尊重教育"的闵三实践

闵行三中所在的江川路街道曾一度是老闵行的行政、文化、经济中心，老闵行的闵行中学的办学质量和声誉曾一度盖过七宝中学。闵行三中紧随闵行中学之后。这些"头部学校"对教育的新理念、新政策具有超前预见性和果敢行动力，引领中国教育改革的往往就是这样的学校。"素质教育"从理念提出到创新实践，闵行三中始终走在前列。

1. 铿锵玫瑰，美丽绽放

享有培养女足人才摇篮的闵行三中是一所全国群众体育先进单位、全国学校体育工作示范校、全国青少年校园足球特色学校、上海市足球传统项目学校。

1994年，足球教育进入闵行三中。学校在立足校园、体教结合、全员参与、快乐足球的实践过程中，把足球文化与日常教育教学工作有机地结合起来，逐步完善学校足球发展的体制和机制，使学校足球运动稳步发展。先后与企业共建了男、女足球俱乐部，定期召开学校体育工作暨足球工作会议，每周三节体育课中开设一节足球课，创办了有影响力的华东地区少年女子足球协作赛。一年一度的"三中杯""校长杯"足球锦标赛上，垫球、踢远、射门等技术比武有声有色，大大激发了学生参与的热情，让足球不知不觉地融入了大家的学习、工作和生活中。

学校在制定校园足球特色发展新的五年规划时，着力凸显足球文化建设，把健体、育心、敦品、养气结合起来，引导学生的身心得到全面发展，即提高体能、增强体质、树立信心、培养耐心、锻炼品格、优化品德、提升品位，为学校的可持续发展提供永不枯竭的动力。

与此同时，学校利用俱乐部这一平台，努力拓展青少年活动空间，充分发挥足球运动在提高学生身体素质、培养学生集体主义观念、形成健全人格、促进学生全面发展等方面的积极作用。学校还经常组织学生参加各类足球夏令营、冬令营集训、竞赛活动等。比如，先后与上视 SVA 青年队、江苏华泰青年队和兄弟省市及本市各区的女足进行交流比赛，还与加拿大 U18 国家青年队、日本少年队进行国际比赛，既提升了我校女足水平，又增进了中外青少年之间的交流和友谊。上视 SVA 女子足球队和奥运明星孙雯、水庆霞多次专程来校辅导，上海电视台、《中国体育报》《解放日报》等主流媒体陆续报道了学校足球特色发展的喜人成绩。

近年来，在全国、华东地区、上海市及闵行区的各级各类比赛中，学校女子足球队共获得 26 个冠军、16 个亚军、10 个季军，在 2013—2016 年上海市青少年足球锦标赛、上海市校园足球联盟杯、联盟联赛成就了"六冠王"。与此同时，男子足球队还两次站上上海市"新民晚报杯"暑期中学生足球赛的最高领奖台。闵行三中先后向上海青年队、江苏省队、浙江省队、上海市体育运动学校和高等院校输送了 26 名优秀足球运动员。

2. 昆韵振林樾，经典永流传

昆曲是中国最古老的剧种，哺育和滋养了包括京剧、众多地方剧种在内的许多传统艺术，被誉为"百戏之祖"，2001 年被联合国教育、科学及文化组织列入"人类口头与非物质文化遗产代表作名录"。昆曲因其专业性强、传习难度大、培养周期长，目前是"戏曲进校园"中进程较为缓慢、受众面较窄的艺术形式之一。闵行三中不因其"曲高和寡"而生畏，不因其"前路漫漫"而却步，以"'非遗'不能遗"的责任担当，以"老曲翻新词"的创新实践，让昆曲这一古老艺术在闵行三中的人文沃土上扎根生长。

每个民族都有一种高雅精致的表演艺术，深刻地表现出该民族的精神与心声。比如，希腊人有悲剧，意大利人有歌剧，英国人有莎剧，他们对自己民族的雅乐都引以为豪。中国人的雅乐是什么？那就是昆曲。1995 年，昆曲进入闵行三中教育人的视野。传入杏林的昆曲，由弱到强，绵延不绝，声振林樾。

（1）从院团到校园。20 世纪 90 年代中期，闵行三中为了提高教师的综合素养，开设了人文艺术系列讲座，其间，请到蔡正仁、梁谷音等昆曲名家来校给教师开讲座。艺术家们用极简的语言配合昆曲的唱、做，一场场"阳春白雪"飘进闵行三中校园，高雅昆曲从专业院团开始走进闵行三中校园。

（2）从演员到教员。一批活跃在昆曲舞台上的知名演员带着推广普及昆曲的责任和使命，到闵行三中做起兼职教员，介绍昆曲历史、艺术形式，教习昆曲经典曲目。曾经从闵行三中兰馨昆曲社走出去，现在活跃在昆曲表演舞台的专业演员重回母校教授昆曲，实现昆曲的薪火相传。

（3）从社团到拓展。世纪之交，昆曲在闵行三中传习的主阵地是兰馨昆曲社。在上海昆剧团的鼎力支持下，兰馨昆曲社的一群群"小昆虫"破茧成蝶，飞上了昆曲表演的大舞台。兰馨昆曲社的第一届学员吴燕妮现在在秦汉胡同国学·有戏担任骨干，第二届学员卫立、朱霖彦等现在成为上海昆剧团知名的青年演员。兰馨昆曲社被中国共产主义青年团上海市委员会（以下简称共青团上海市委）、上海市教育委员会命名为"上海市中学生特色社团"。2005 年，社团成员赴宝岛台湾交流演出，赢得广泛好评。在兰馨昆曲社收获盛誉的同时，学校在初高中开设"昆曲艺术欣赏"拓展课，吸引更多的学生进一步了解昆曲，为它输送更多感兴趣、有潜质的社员。

（4）从小众到大众。昆曲作曲家辛清华为唐诗宋词 50 首及毛主席诗词 8 首谱了昆曲，并出版了《诗词曲谱》一书。2004 年，上海昆剧团将此书赠送给我校。我校聘请昆曲艺术家来校指导教师练习曲谱，将无声的曲谱创编成有声的学习资源——唐诗宋词昆曲吟唱，并大范围推广古诗词昆曲吟唱，使昆曲从小众欣赏的"高雅艺术"变成大众传唱的"流行音乐"。

（5）从联动到联盟。2019 年之前，闵行三中经常与周边学校开展如京剧、黄梅戏、合唱、朗诵、舞蹈等艺术教育特色项目的交流互鉴。2019 年 2 月，闵行三中成为 2019—2021 年度闵行区美育特色（昆曲）联盟盟主校，牵手周边 1 所中学、6 所小学和 1 所特殊教育学校成立美育特色（昆曲）教育联盟，共商昆曲推广机制，共育昆曲教育团队，共建昆曲特色课程，共享昆曲艺术经典。通过开展戏曲通识知识普及教育、教授唐诗宋词昆曲吟唱、联排联演昆曲艺术节目、共赏共鉴昆曲艺术经典等形式，强力驱动昆曲的普及与推广。

（6）从线下到线上。随着教育信息化的深入发展，学校在线下昆曲教育资源积累的基础上，建设线上昆曲教育资源库，包括昆曲知识普及、唐诗宋词昆曲吟唱、昆曲精品折子戏赏析等微视频课程。学校还将这些课程放到"闵智学堂"和"学习强国"平台，为昆曲艺术的传扬开辟了广阔时空。

昆韵传经典，文化照古今。面向未来，唯有以谦卑之心、敬畏之心传承国粹昆曲，持续加强昆曲特色课程的信息化、精品化建设，培养更多懂昆曲、爱昆曲的"小昆迷"，造就更多会唱昆曲、能演昆剧的"旦生丑"，才能无愧于养育我们的悠久文明，无愧于成就我们的伟大时代。

3. 不屈女曲，栉风沐雨

2002 年，女子曲棍球运动进入闵行三中学校教育。在国家体育总局手曲棒垒球运动管理中心、中国曲棍球协会、上海市体育局、上海市教育委员会等主管部门的指导、帮助下，学校作为国家曲棍球奥林匹克后备人才基地，一年一个新台阶，2009 年 10 月被评为闵行区群众体育先进单位，2009 年 12 月被上海市体育局命名为上海市优秀体育后备人才二线运动队学校，2010 年、2014 年、2018 年被闵行区人民政府授予体育特别贡献奖，2014 年 11 月被上海市体育局、上海市教育委员会授予上海市学校体育工作先进学校，2016 年 7 月被教育部命名为全国学校体育工作示范校。截至 2023 年 4 月，在全国、华东地区、上海市各类曲棍球比赛中共获得了 37 个冠军。其中，2015 年荣获全国青少年曲棍球锦标赛 U12 组冠军，2018 年荣获首届全国中学生曲棍球锦标赛初中组冠军。2010 年以来，在 4 届上海市运动会上连获青少年 A 组冠军。20 年来，向国家队、国青队、国少队、上海队、内蒙古队及高等院校输送了 56 名优秀曲棍球人才。

风雨 20 年　辉煌 20 年（节选）

曲棍球作为世界上历史最悠久的体育项目之一，也是较早进入奥运会的项目之一。1908 年，男子曲棍球被列入第 4 届伦敦奥运会比赛项目。1980 年，女子曲棍球被列入第 22 届莫斯科奥运会比赛项目。我国于 1975 年 10 月开展男子曲棍球项目，1980 年在内蒙古莫力达瓦达斡尔族自治旗组建起了我国第一支女子曲棍球队。

闵行三中是怎么与曲棍球项目连接在一起的？20 世纪 90 年代，我校是上海市足球、田径传统项目学校，特别是田径项目在市、区享有一定的影响力，学校曾培养出一代短跑名将曹建民。在市、区中学生田径运动会上，闵行三中荣获闵行区中学生田径运动初、高中组团体总分冠军。1997年，荣获上海市第7届中学生运动会男子团体总分亚军。作为闵行区田径传统项目，七宝中学、闵行三中、闵行中学三所学校都是上海市田径传统项目学校。在北有七宝中学、南有闵行中学的夹击下，我校在选才招生方面处于不利位置。为了在竞技体育方面有新的突破，从事足球工作20多年的教练员梁成就萌生了组建女子曲棍球队，把这个素有北方特色的项目南移的想法。因为曲棍球项目与足球项目有着很多相似之处，这一想法得到时任校长钱慧根、党支部书记朱凤娟的大力支持。经过与上海东苑房地产（开发）集团有限公司友好协商，决定共建俱乐部。

2002年11月8日，是一个非常值得纪念的日子。在上海市、闵行区体育局、教育局等部门领导的关心与指导下，我校与上海东苑房地产（开发）集团有限公司共建了我国第一个基层中学女子曲棍球俱乐部。曲棍球运动从此在我校掀开了新的一页。国家体育总局小球运动管理中心主任和中国曲棍球曲协会主席胡建国、闵行区体育局局长陈金其、闵行区教育局副局长王浩等领导出席，学校党支部书记朱凤娟主持揭牌仪式，上海市东苑房地产（开发）集团有限公司董事长侯抗胜、闵行三中校长钱慧根发表讲话。侯抗胜先生担任东苑房产女子曲棍球俱乐部董事长，钱慧根校长担任俱乐部主席，学校教导处副主任梁成就担任秘书长，副主任朱元良、王道森，总教练卢凤，教练员周小龙、张伟荣。

（闵行三中教师　梁成就）

　　足球、昆曲和女子曲棍球教育在闵行三中的蓬勃发展，不仅为发展素质教育提炼了经典案例，还为闵行三中"尊重教育"文化提供了美丽注脚。

（三）"尊重教育"文化滋养的学校教育品质

尊重、责任、规范、创新是闵行三中"尊重教育"文化滋养出来的学校教育品质。

1. 尊重

闵行三中尊重每一个学生的禀赋差异、个性特点、发展基础、认知方式，通过对课程进行分层分类，为学生课程选择提供导引。从尊重个体、尊重同伴、尊重知识、尊重差异的多维角度，建构"尊重学堂"，帮助学生找到适合自己的学习方式。尊重是闵行三中学校教育的价值标准。

2. 责任

责任是尊重的延伸。"责任心是世界上最珍贵的种子，它若早早地播种在孩子的心田里，将会收获一生一世的幸福。"因此，要学会对自己负责、对家庭负责、对他人负责、对集体负责、对国家负责、对人类社会负责、对生态环境负责。责任是"人之为人"的根本，每一个在道德上有价值的人都要有所承担。培养富有责任感的学生是立德树人的基础和根本所在。

3. 规范

"不以规矩，不能成方圆。"建立刚柔相济的制度体系，以完善制度体系为基础，着力形成良好的运行机制。规范是"尊重教育"文化的又一核心。规范不等于抱残守缺和因循守旧，恰恰是创新的前提和保障。

4. 创新

"有发明之力者虽旧必新，无发明之力者虽新必旧。"创新是以现有的思维模式提出有别于常规或常人思路的见解为导向，利用现有的知识和物质，在特定的环境中，本着理想化需要或为满足社会需求，改进或创造新的事物、方法、元素、路径、环境，并能获得一定有益效果的行为。创新有三层含义：第一，更新；第二，创造新的东西；第三，改变。创新是人类主观能动性的高级表现形式，是推动民族进步和社会发展的不竭动力。

第二章

逐梦：一粒种子与一串梦想

这是一粒濒临灭绝的植物种子，既幸运地受到一群热爱生命的中学生的关注，又幸运地搭上运载火箭，随天宫一号进入太空，并顺利返回地球，续写新的生命奇迹。

"种子上天"的神话点燃了闵行三中学生的飞天梦想。于是，在闵行三中的校园里：太空植物栽培小组播种梦想，航空航天模型小组酝酿梦想，模拟飞行、无人机、遥控飞行小组放飞梦想，生涯导航助力学生圆梦航空航天。

静静矗立在闵行三中校园里的"飞天种子"雕塑，彰显着我校学生尊重生命之情怀、仰望星空之境界。

第一节 一粒金色的种子

闵行三中的主题雕塑——"飞天种子"，我为它写下这样一段文字："时光流转濒灭绝，空天轮回得此生。校园立此雕塑，以彰显我校学生尊重生命之情怀、仰望星空之境界。"

这是一粒生命的种子，这是一粒飞天的种子，这是一粒梦想的种子。

图 2-1 "飞天种子"雕塑

一、生命的种子

闵行三中生命科学学科组为高中生开设了一门拓展型选修课——"关注濒危物种"。2010 级高一新生苏烨选择了这门拓展课。在课上，这些濒危植物的命运引起了他的关注。

濒危植物的命运

普陀鹅耳枥：1930年钟观光教授在浙江普陀山海拔240米处发现了它，1932年郑万钧教授进行了鉴定并将其命名为普陀鹅耳枥。普陀鹅耳枥为我国特有物种，只产于舟山群岛普陀山岛。由于植被破坏，生境恶化，目前全球仅存一株野生种，生存于普陀山岛佛顶山上。又因开花结果期间常受大风侵袭，致使结果率很低。种子即将成熟时，再次受到台风影响而多被吹落，更新能力极弱，树下及周围不见幼苗，已处于濒临灭绝的境地。1999年8月4日，普陀鹅耳枥被国务院批准为国家一级重点保护野生植物。

珙桐：既是距今6000万年前新生代第三纪古热带植物区系的孑遗种，也是全世界著名的观赏植物。有"植物活化石"之称，是国家8种一级重点保护植物中的珍品，因其花形酷似展翅飞翔的白鸽而被西方植物学家命名为"中国鸽子树"。野生珙桐主要分布于湖北西部、湖南西部、四川，以及贵州和云南的北部。由于森林的砍伐破坏及挖掘野生苗栽植，它的数量较少，分布范围也日益缩小，若不采取保护措施，有被其他阔叶树种更替的危险。

望天树：别名擎天树。1975年，中国云南省林业考察队在西双版纳的森林中发现了它。望天树是只在中国云南才生长的特产珍稀树种，只分布在西双版纳的补蚌和广纳里新寨至景飘一带的20平方公里范围内。望天树的所在地，大部分为原始沟谷雨林及山地雨林。其树干高大而通直，材质优良，加工性能良好，是热带优良的用材树种。

大树杜鹃：是杜鹃花属中最高大的乔木树种，最高可达20—25米，茎部的最大直径为3.3米。大树杜鹃是一种极度濒危的植物，产于中国云南西部，缅甸东北部也有分布。由于大树杜鹃珍贵而稀少，被列为国家一级重点保护野生植物、世界自然保护联盟濒危物种。1918年，英国生物学家乔治·福雷斯特在腾冲高黎贡山的森林中发现了一种高达20多米的杜鹃花，后来被人们称作大树杜鹃。为了想办法把它运回英国，他雇来工人砍倒了一株高25米、树龄280年的老树，并将树干锯成圆盘运走。

（闵行三中教师 王群）

　　苏烨在高中阶段还参加了学校"太空育种"社团。进入这个社团前，苏烨查阅了大量资料，了解到人们食用的南瓜、茄子种子已经被带到太空。这些种子回到地球繁育后，结出的果实很大很安全，是地球上的南瓜、茄子所无法比拟的。太空茄子的特点是果大、色美、味甜，富含维生素 C 和糖分。其贮存期比普通作物长，成熟期提前，产量提高，如同等条件下比普通蔬菜的产量提高了 15%—20%。与普通茄子相比，太空茄子抗病性、抗逆性强。通常能种植普通茄子的地区也可以种植太空茄子，它甚至可以适应一些不适合普通茄子生长的环境。四川巴中从美国引进了太空南瓜种子，最大的可以长到 150 多公斤，不但营养更丰富，而且南瓜子的含量更多。青海西宁的一家大型超市展出了一个重达 175 公斤的太空育种南瓜，令人惊叹。通过太空育种，我们已获得了许多植物的新品种。这些新品种与转基因食品含有外来基因不同，太空搭载使作物内在的基因发生变化。太空种子经过微重力、宇宙射线等众多因素作用，使作物本身染色体缺失、重复、易位、倒置等，从而引起遗传变异，这种变异本质上与生物界的自然变异没有任何区别。从太空带回来的种子经各种专业检测，也没有发现增加任何放射性，即使直接食用也没有危险。

　　有了这些学习经历，苏烨投入极大的热情参加了上海市宇航学会组织的"育太空种子，做有责任人"的航天科普活动。当老师发给他两粒五彩椒的太空种子时，苏烨如获至宝，可是不知道是过度呵护，还是什么原因，五彩椒的种子竟然没有发芽。第一次失败的经历，让苏烨懊恼不已，感觉是对生命的一次戕害。于是，苏烨上网查资料并请教老师，做了大量功课。第二年，苏烨种植的太空丝瓜长度超过 2 米，获得了上海市宇航学会太空植物种植大奖。"育种育人"活动不仅让苏烨学习到一些植物栽培的知识，培养了观察力、专注力、思考力和表现力，而且很好地培养了他的爱心、耐心、细心和责任心，更重要的是强化了他对生命的呵护和敬畏之情。

二、飞天的种子

　　2011 年 1 月 25 日，探梦"天宫"——青少年科学实验搭载方案征集活动正式发布。全国在校中小学生均可参加实验项目征集，获奖方案有望在我国载人航天工程第一个空间交会对接目标——天宫一号目标飞行器上进行试验。这一消息经刘辉老师一宣布，多个研究性学习小组跃跃欲试。2006 年以来，闵行三中"我为航天闵行出份力"航天科普教育已经在学生们的心中埋下了飞天的梦想。

苏烨、王惠盛、严鑫崑研究小组分头在网络上查找资料、寻找思路，其中一名成员发现了"第五种力"的假设。于是，大家想能否设计一个试验装置，来捕获并验证"第五种力"是否存在。围绕这一想法，苏烨研究小组开始设计，并初步完成方案，怀着忐忑的心情把方案提交给刘辉老师。刘老师在深入研读方案后，毫不犹豫地否决了该方案。在刘老师看来，"第五种力"是否存在尚有争议，这种最前沿的科学发现远远超出了中学生的能力范围。刘老师看到学生们信心受挫，一边安慰道："大家要相信我们比其他学校的学生有优势，学校丰富的航天科普活动，让大家有机会走进上海航天设备制造总厂、航天展示馆进行参观，聆听过航天技术研究院多位专家的报告，也阅读过很多这方面的书籍，我们了解的航天知识一定比别人多。"一边又鼓励学生："科学研究从来不是一蹴而就的，挫折和失败是我们交的有价值的学费。"刘老师结合当时和谐社会的建设理念和航天搭载的发展现状，点拨学生们从人与自然和谐相处的角度寻找一下思路。

通过刘老师的点拨，几位学生查阅了大量资料，发现人类目前的航天搭载水平多限于植物和动物领域，于是，他们把搭载方案的主题确定为植物领域。经过深入研究后又发现，人类对植物的搭载大多还是以育种为主，此前许多农作物种子都曾经邀游过太空，也培育出许多优良农作物品种，如小如指甲盖的番茄、大过车轮的南瓜、长过 2 米的豇豆……因为大多数农作物都被搭载过，所以学生们进一步思考搭载什么更有新意。他们结合拓展课、社团课学习实践的内容，最后把目光盯在濒危植物上。搭载濒危植物既是中国的第一次，也是人类的第一次，且保护濒危植物又非常契合人与自然和谐相处的理念。有了方向后，苏烨想到了在"关注濒危植物"拓展课上让他揪心的那些濒危植物，于是选择了最具代表性的普陀鹅耳枥、珙桐、望天树和大树杜鹃。

搭载对象选好后，他们又对搭载实验装置进行了反复实验。一个寒假，经过与刘老师反复交流、修改，最终他们拿出了一个比较满意的方案——《天宫一号搭载濒临灭绝植物种子方案》。2011年2月28日征集活动截止，3月份传来喜讯，该方案在全国2956个征集方案中荣获一等奖第一名，并被选为天宫一号搭载方案。

天宫一号搭载濒临灭绝植物种子方案（节选）

一、方案背景

科学发展观强调人与自然要和谐发展，就要促进和保护生态环境，有效保护生物的多样性，实现人与自然和谐共处，这是本搭载方案设计的基本理论起点。

二、搭载对象

普陀鹅耳枥、珙桐、望天树和大树杜鹃4种濒临灭绝植物的种子。

三、问题假设

在太空环境的作用下，种子的基因发生突变。待其回到地球后，能否增强它的繁育和生存能力？

四、实验装置

1. 4个容量为200—300克的玻璃瓶，口径为5—6厘米，高为15—20厘米，瓶底直径为10—15厘米（封口）。

2. 4份种子：普陀鹅耳枥、珙桐、望天树和大树杜鹃的种子，每份200克。

3. 1支水笔，4张便利贴。

五、方法步骤

1. 采集种子：采集普陀鹅耳枥、珙桐、望天树和大树杜鹃的种子。

2. 封装种子：把每个玻璃瓶的瓶口打开，然后把植物种子放到瓶子里；在每张便利贴上写下植物种子的名称，把便利贴贴在每个玻璃瓶上；把一组4个玻璃瓶放到飞行器上，每个玻璃瓶相距10—15厘米。

3. 进入太空：让准备好的濒危植物种子搭乘天宫一号进入太空。

4. 繁育种子：将经历太空特殊的地面无法模拟的高真空、宇宙高能离子辐射、宇宙磁场和高洁净环境的种子与原生态的植物种子一起培育，观察记录2种不同环境中植物种子的生长发育情况，并做好记录。

5. 总结分析：根据观察记录，整理观察数据，进行比较分析，写出观察报告。

六、预期效果

期待搭载天宫一号的濒危植物种子发芽率更高，适应性更强，生长更健壮。

（闵行三中学生　苏烨　王惠盛　严鑫崑）

这些濒临灭绝的植物既幸运地受到一群热爱生命的中学生的关注，又幸运地进入天宫一号遨游太空，顺利返回地球。"飞天种子"重获新生，续写新的生命奇迹。

三、梦想的种子

天宫一号搭载方案获得全国一等奖第一名后，特别是濒危植物种子搭载天宫一号升空后，CCTV-10、上海电视台、东方电视台、《中国教育报》《文汇报》《解放日报》等多家媒体对苏烨和他的团队进行了大量的宣传报道。

苏烨：90 后的"航天梦"（节选）

一、苏烨小传

苏烨，18 岁，上海市闵行第三中学学生，考入上海应用技术学院工程专业。2010 年，他所提交的《天宫一号搭载濒临灭绝植物种子方案》，作为唯一的中学生方案，入选天宫一号青少年实验搭载方案。苏烨所在团队被评为 2006—2011 年上海学子"感动校园"十大人物之一。

他在高考的一本志愿栏里只填了南京航空航天大学，因为他的梦想是当一名航天科学家。虽然因为几分之差与心爱的大学失之交臂，但苏烨并未放弃。他说，4 年后会考研，继续朝梦想进军。

虽然暑假持续高温，苏烨却经常顶着酷日，骑车半个多小时回到学校，就为了看看他的宝贝们——"太空植物园"里的太空番茄、丝瓜和辣椒。这些植物在苏烨和同学们的精心呵护下，从一粒粒种子开始，生根、发芽、开花、结果。这些种子如同 90 后苏烨的"航天梦"一样萌芽生长，期待梦想成真的那一天。

二、梦想种子的萌芽

2013 年 6 月，神舟十号飞船成功发射。从飞船发射升空到航天员太空授课、返回舱成功着陆，苏烨都守在电视机前屏息观看，心动不已。

10 年前，苏烨 8 岁。当中国首个进入太空的航天员杨利伟走出神舟五号返回舱时，苏烨羡慕地对父亲说："他去过太空了，真幸福。"当一幅幅从太空拍摄的美丽地球画面出现在他的眼前，他惊叹道："地球真美！"梦想的种子就此埋下。

从那以后，苏烨的书柜里多了许多讲述太空的书籍。《十万个为什么》中太空篇部分的书页被他翻得卷起了边。一个原本只对动画片感兴趣的小小少年开始关注神舟飞船的每一次发射，成了"小粉丝"。

三、为少年梦插上"翅膀"

苏烨很幸运，在他的成长过程中，国家航天事业不断发展壮大，点燃了一个少年的"太空梦"。素质教育理念的不断普及，教育资源的日益丰厚，成为青少年成长的坚强后盾。

2010 年，苏烨如愿以偿地进入闵行三中。学校的特色是航天科技，且地处闵行航天城。上海市宇航学会为学生们送来珍贵的太空植物种子。当时，苏烨领到了两粒辣椒种子："只有芝麻粒那么大，但它能结出五彩的辣椒。"

苏烨把神奇的种子带回家，浇水施肥，但最后因为照顾不周，辣椒种子并没开花结果。这次失败的经历更加激发了他对太空的兴趣。他特意查询了很多太空育种的资料，在老师的帮助下，终于栽培出五彩的太空丝瓜。

学校还带苏烨和同学们去上海航天科技工业展示馆、上海航宇科普中心参观考察，邀请航空航天专家来校开讲座。高中三年，苏烨养成了记录的好习惯，每一次参观、听报告、做实验和观察，他都详细记下，积累成了两本厚厚的"日记"。

2010 年，中国载人航天工程办公室等举办"探梦'天宫'——青少年科学实验搭载方案"评比活动，苏烨积极参与。由于有了太空育种经验，他的提案也与太空种子有关。他曾听说，全国仅有一棵珍稀的鹅耳枥树。在科技老师刘辉的带领下，他和同学来到普陀山，找到了这棵普陀鹅耳枥。"在全国，肯定还有一些这样的珍稀植物。如果将它们的种子带入太空，说不定会产生奇迹。"搭载普陀鹅耳枥、珙桐、望天树和大树杜鹃等濒临灭绝植物种子的方案最终被选中，消息传来，闵行三中沸腾了。刘辉老师说："这是一个莫大的鼓励，我们离梦想又近了一步。"

四、孕育更多航天梦

因为搭载方案入选，苏烨成了"小名人"。2012年2月，他应邀参加2012年CCTV-10"科学之夜"节目录制。在北京，他第一次与许多知名科学家面对面接触。

天宫一号核心团队成员都来了。苏烨说："简直像做梦一样，他们可都是我的偶像。"当主持人问道："假如你在这个团队中，你最想做哪一颗螺丝钉？"望着台下众多两院院士，苏烨脱口而出："我想当航天科学家。"虽然苏烨因为太紧张而一时语塞，但科学家们微笑着，为他鼓掌，给了他信心。

苏烨毕业的这一年，学校传出好消息：闵行三中正在申报并有望成为上海市第一所航天科技特色高中。校长颛孙长宗透露，闵行三中成立了以苏烨命名的青少年科学院，在区教育局和航天院所的支持下，将建设与航天科技有关的实验室、航模俱乐部、航天文化社团、太空植物研究所、航天博物馆等，"希望从这里培育更多的苏烨，甚至未来的中国航天人。我们的责任是浇灌梦想的种子"。

(《解放日报》记者　彭薇)

苏烨两次接受中央电视台采访，并作为中央电视台唯一邀请的学生嘉宾，与载人航天工程总设计师周建平和英雄航天员费俊龙一起登上CCTV-10"科学之夜"晚会的舞台。闵行三中的全体师生守在电视机前欢呼雀跃。看到当年留下的这些录像和照片，笔者能强烈地感受我校学生的"飞天梦想"被点燃。为了抓住这一教育契机，学校作出两个重要决定：一是在闵行三中校园竖立"飞天种子"雕塑，让全体师生坚定信仰和梦想；二是建设"苏烨青少年科学院"，为更多的师生提供逐梦前行的力量。

这是一粒金色的种子，它有一颗金子般的心灵，尊重生命，敬畏生命；这是一粒飞天的种子，它有一双强有力的翅膀，仰望星空，逐梦飞翔；这是一粒希望的种子，它有一股超自然的力量，脚踏实地，自信自强。

第二节 一串绮丽的梦想

一、播种梦想

（一）育种育人，责任立身

苏烨研究小组的方案获得全国一等奖第一名并随天宫一号巡游太空，引发了同学们对太空植物栽培的兴趣。

我们先来看一篇学生的观察日记——

航椒 4 号 F1 种植观察日记

我校是航空航天特色学校，有幸领到了太空种子。我们都参与了种植活动，我拿到几粒航椒 4 号种子。

4 月 12 日 星期二

在老师的指导下，我们把航椒种子放在太阳底下晒了半天。为什么要晒种？我赶紧上网查了下原理，原来太阳光谱中的短波光如紫外线有杀菌能力，因此晒种有一定的杀菌作用。同时，我也查到辣椒种子是一个个不规则的小黄色颗粒。

4 月 13 日 星期三

我们将种子泡在 55℃的水里 20 分钟（13：25—13：45），然后在 30℃的水里浸泡 1 小时（13：45—14：45）。这个过程的专业名词是浸种。原来种辣椒先要将种子晒掉水分，再浸种，以补充水分。

准备发芽，我们把浸好的种子取出，上、下覆盖纱布。室温为 15℃。

4月20日　星期三

我们的辣椒种子争先恐后地吐出小牙尖，它们"发芽了"，芽长为5—7毫米，最长的有15毫米。

4月21日　星期四

我们把发芽的种子移入方格中，先在方格底下铺上报纸，然后放上营养土，依次排放发芽的种子。大家都十分小心翼翼，生怕把小芽弄断。最后在上面覆上1厘米的土，给它们洒上水，盖上塑料薄膜，等它们长出小苗。

4月25日　星期一

这几天，我们坚持每天给它们浇水，又不敢多浇，怕它们太湿了，期待它们快快出苗。今天终于看到出苗了，长出2片小叶，叶长为12—13毫米，植株高为10—15毫米。

4月28日　星期四

今天是个晴天，室温为20℃。小苗又长高了，有2—3厘米，还是2片叶子，叶长为2厘米。

5月3日　星期二

过了"五一"来到学校后，我迫不及待地想知道我的小苗怎样了。今天又是一个晴天，室温为25℃。我赶紧给它们浇水，有的已长了第3片叶子。遗憾的是匆忙中忘了拍照。

5月10日　星期二

今天是个阴天，室温为20℃。我浇了水。小苗长出4—6片叶子，第1片和第2片叶长为5厘米，第3片和第4片叶长为2—2.5厘米，第5片和第6片叶长为0.5—1厘米，苗高为4—5厘米。

5月13日　星期五

几天集中育苗后，为了让我们可以带回家种植，我们把小苗移入各自的小盆中。

5月27日　星期五

今天，我终于领到一棵小苗。我小心地把花盆带回了家，放在阳台上仔细观察。辣椒小苗多水灵稚嫩，只有4片小叶子。我先浇了一些水。

5月28日　星期六

第一次种植物，它们会怎么生长？紧张了一晚上，早上一睁开眼我就来到小苗身边。我浇了一些水，第4片小叶子仿佛有些长长了。

6月3日　星期五

经过一个星期的时间，4片叶子都长长了，并且还抽出了第5片叶子的嫩芽。

6月4日　星期六

老师提醒我们要去换土和换一个稍微大一点的花盆。于是利用休息天，我到家附近的花鸟市场购买了一些有机土。下午，我在这株幼苗盆中加了有机土。

6月5日　星期日

第5片叶子也已经长到了0.5厘米左右。

6月10日　星期五

第5片叶子已经长到了1厘米左右，又长出了第6片和第7片叶子，高为10厘米。

6月17日　星期五

虽然这株辣椒植物的高为15厘米，但是它的茎却很细。于是，我拿了一双筷子插在了花盆里，防止它被风刮倒。第7片叶子的长为3厘米，还长出了第8片、第9片、第10片嫩芽。

6月24日　星期五

叶子长长了很多，第8片、第9片、第10片叶子已经长到了0.5厘米，又长出了第11片和第12片叶子，高也由15厘米长到了20厘米，茎也变粗了，已经用不着筷子支撑了。

6 月 25 日　星期六

我去买了一个比原来更大的花盆。我先把泥土放入新买的花盆中,再把整株植物小心翼翼地放入花盆中。

6 月 26 日　星期日

现在,从远处看这株植物已经不是那么稀疏了,但还不能算得上茂密。

7 月 1 日　星期五

今天又长出了五六片新的嫩芽,这根茎分为了 4 根,在其中的一根上出现了一个小小的花苞。由此,我体会到了劳动的喜悦。

7 月 3 日　星期日

最长的叶子已经有足足 7 厘米长,最短的也有 0.7 厘米。截至到现在,已长出 20 片叶子,长出了一个花苞。

7 月 8 日　星期五

第 1 个花苞开了,花是淡白色的,淡淡的气味,另外又长出了 3 个花苞。

7 月 15 日　星期五

小辣椒还没有长出,在最底下的 3 片叶子已经发黄了,我把它们摘了下来。

7 月 22 日　星期五

终于长出了 1 个小辣椒,它个头很小,就 1 厘米,颜色是青绿色的。

7 月 23 日　星期六

又 1 个小辣椒长出来了,它和前面的那个很像,但是比前面的那个要小一些。

7 月 24 日　星期日

2 个小辣椒都长长了,其他无变化。

7 月 29 日　星期五

又长出了 2 个小辣椒，前面的 2 个已经长到了 2 厘米。

8 月 5 日　星期五

前 2 个辣椒有些地方已经开始变红了，并且它们都长到了 4 厘米，但是还是鼓鼓的。后面 2 个辣椒都长到了 3 厘米，但都还没有变红。又长出了三四片叶子。

8 月 12 日　星期五

前 2 个辣椒已经完全变红，长度已经达到了 7 厘米。后面 2 个辣椒也全部变红了，但是只有 5 厘米长。

8 月 13 日　星期六

后面 2 个辣椒已经长到了 6 厘米。

8 月 14 日　星期日

后面 2 个辣椒已经长到了 7 厘米，前 2 个辣椒已经开始扁了。

8 月 21 日　星期日

4 个辣椒均已成熟。

（闵行三中学生　刘倩凝　指导教师　蒋建龙）

再来看一篇学生的感悟文章——

感恩与"你们"一起成长

一、培育航椒 5 号的背景

由我校苏烨等学生设计完成的《天宫一号搭载濒临灭绝植物种子方案》，从全国近 3000 个征集方案中脱颖而出，一举获得天宫一号目标飞行器搭载方案一等奖第一名，并最终确定为搭载方案。学校因此也成了众多媒体关注的对象。这些媒体对我校培养出这样一名有梦想、有探究精神的学生充满了好奇，而我更是对这样一个学长美慕不已。当听到他在中央电视台"科学之夜"上说自己想做一名航天科学家时，我惊住了！简朴而真诚的话语体现其伟大的理想，一种对祖国的热爱之情，一颗强大的责任心！我同样也有伟大的梦想，可是我知道：要想实现自己的理想，就要做好每一件小事情。

想着，想着，考验我的机会来了。我们学校有幸拿到太空种子——航椒5号，我争取到了这粒"宝贝"，并被授权培育航天辣椒。对此，我是既兴奋又担心。兴奋的是：我得到了一个"太空宝贝"；担心的是：就这么一粒种子，万一……端详着这粒在太空遨游过的种子，我发现它和普通的辣椒种子没什么区别，可能是种子内部发生了变化吧！带着航天辣椒种子和普通辣椒种子是否有区别的想法，我决定同时培育两种辣椒。

二、体验培育航椒5号的过程

1. 育种准备：4月12日，准备培育所需物品——一个纸杯，一杯温开水（60℃），一粒航天辣椒5号种子，一粒普通辣椒种子，两个内径为10厘米的花盆，两个托盘，一些松软的黑土，一个塑料袋，两个橡皮筋。

2. 步骤：先把种子浸泡在盛有温开水的杯子中，浸泡时间为5个小时，然后把种子小心地从水中拿出来，埋在花盆的黑土里。注意一点：种子不要埋得太深，否则就会发不出芽并腐烂。这是我咨询了一个非常有种植经验的阿姨后得知的。同时，要在花盆上套上塑料袋，为的是保持空气的湿度。植物的生长离不开阳光和水，所以花盆还要放在阳光可以照射到的地方。5天之后，普通辣椒种子破土而出，而航天辣椒5号种子因为埋得较深，晚2天才看到它的身影。

在等待发芽的那几天，我每天起床、放学回家都要到它们身边去报到，感觉它们就是我形影不离的好朋友。那种期盼与担心一直伴随着我，我的心里开始有了一个挂念的"人"。虽然它们只是种子，可自从我亲手把它们放入水中的那一刻起，我已经与它们分不开了。在它们发芽、育苗、移栽、开花、结果过程中，我遇到了很多问题，如叶子黄了并枯萎，出现蜘蛛和一些飞虫等。这些情况让我焦头烂额，便向父母求救，到网上查找资料，向老师汇报等。在给"宝贝们"诊疗的过程中，我体验到了做守护人的那一份职责。经过100天的精心培育，"宝贝们"开花结果了。看到一夜间长出 4 毫米的青椒，我激动不已，呼喊着告诉家里所有的人。我还不忘记给它们浇水，把它们搬到阳光能照射到的地方。我不得不承认这种收获的喜悦让人兴奋，让人充满力量。实践证明，航天辣椒 5 号确实要比普通辣椒叶子大、开花多、结果早，并且产量高。随着时间一天天过去，青辣椒长成又长又红的辣椒了。看着红红的辣椒，身边的小弟弟说："我们把它摘了炒了尝尝味道怎么样吧！"我立刻制止，并禁止任何人碰它们。保护"宝贝们"的强大力量油然而生。看着红辣椒，我心里想的却是可以用它们的种子培育"航椒二代"，提高农民种植辣椒的产量。我心里的另外一个秘密就是：希望神舟十号上的宇航员能吃上我种植的航天蔬菜！

三、培育航椒 5 号的收获

培育航天辣椒的过程，让我感受到母爱的平凡与伟大。我把辣椒的培育发芽的过程比作母亲十月怀胎及生育，把辣椒的成长过程比作孩子成人的过程。植物也是生命，当你决定让一个生命来到这个世界的时候，就要做好思想准备，无论风吹雨打，世事艰难，都要尽自己最大的努力保护它。真正的母爱，就要有一颗强烈的责任心。因为责任，我们不惧怕生活的改变；也因为责任，我们不敢有丝毫的任性和偷懒。我越来越清楚地懂得，只有具备承担责任的勇气，才能孕育有意义的生命。学校、社会及祖国在培育我们这些花朵时，同样付出了爱与责任。感谢这一次培育航天辣椒的体验，培养了我们的责任心及感恩之心！

（闵行三中学生　蔡旻雯　指导教师　李红艳）

"育种育人"活动是上海市宇航学会创设的、上海航天科技教育特色学校校长联合会成员学校共同参与的一项航天科普教育的品牌活动，是一项极富教育意蕴的综合实践活动。

一是从德育角度来看，培养了学生的爱心、耐心、细心和责任心，让学生懂得呵护生命，学会感恩。

二是从智育角度来看，学生学到了一些植物栽培的基础知识，培养了学生的观察力、专注力、思考力和表现力。学生通过太空植物和普通植物生长的对比，对太空育种产生了好奇，激发了学生的探究欲。

三是从体育角度来看，起到了锻炼体能、增强体质的功效。

四是从美育角度来看，无论是五彩椒还是太空丝瓜、豇豆、南瓜、番茄，让学生欣赏到了五彩斑斓的自然之美。有些学生还在收获的太空葫芦上作画、雕刻，将其做成精美的艺术品。

五是从劳动教育角度来看，培养了学生吃苦耐劳的精神，让学生体会到劳动者的艰辛，懂得了尊重劳动成果，尊重劳动者，深切感悟到劳动最光荣、劳动最崇高、劳动最伟大、劳动最美丽的道理，强化了学生辛勤劳动、诚实劳动、创造性劳动的意识。

（二）播下科学种子，开启梦想之门

随着学校办学条件的改善，学校在"苏烨青少年科学院"专门建造了濒危植物保护创新实验室，为那些对生物学有着浓厚兴趣又勇于追求真理的学生提供科学研究的平台。自实验室启用至今，每周的拓展课、研究课上，张红梅老师都会带领学生在这里进行课题研究。节假日，学校也会根据学生需要开放实验室，为学生课题研究提供保障。在教师的指导和帮助下，学生一遍遍经历"提出问题—作出假设—设计实验—实施实验—分析数据—得出结论"的科学探究过程。课题基本来自学生的生活世界，从最初空心菜的水培种植、铁皮石斛的组织培养、食物中营养物质的鉴定到如今的微生物研究，如青花椒的抑菌研究、自生固氮菌的分离及观察等。其中，卢沈源同学的研究课题"花椒的抑菌研究"、江弘毅等同学的研究课题"大豆不同预处理方法对豆浆品质的影响及风味改良"、赵艺璇等同学的研究课题"铁皮石斛的快速繁殖研究"荣获闵行区高中生研究课题评选一、二、三等奖。从宏观到微观、从现象到本质的探究历程，学生收获的不仅仅是最终的实验结果，更重要的是研究经历，以及在这段经历中体悟到的严谨、求实、创新、坚持的科学态度和科学精神。通过研究，拓展了学生的视野，激发了学生探索的热情，让他们在观察、聆听、讨论、动手实践的过程中收获了有趣的科学知识，播下了一粒粒梦想的种子。

同在这间实验室的还有杨丽英老师带领的研究团队。他们利用水培箱和实验室中大量先进的仪器开展航天辣椒等植物的水培种植研究，从营养液的配置到航天辣椒的催发和种植、调节光照时间、营养液的更换时间和比例，都进行了实践操作，最终航天辣椒种植成功。在这一系列过程中，学生的思路也被不断打开，探究的课题也一个个地冒了出来。比如，杨老师带领学生开展的课题"探究镁离子对航天辣椒的影响"，将镁离子作为自变量，设计实验，探究其对航天辣椒的影响。这既是一个验证性实验，又可以培养学生的质疑和探索精神。经过一学年的实验，课题结题，成果荣获上海市青少年科技创新大赛一等奖。

二、接续梦想

2015 年 5 月至 9 月，全国青少年天宫二号搭载方案面向全国征集，受《天宫一号搭载濒临灭绝植物种子方案》获得一等奖并带着种子进入太空的鼓舞，闵行三中学生再一次吹响集结号，接续努力，追逐梦想。在 11 月 24 日公布的评选结果中，闵行三中继《天宫一号搭载濒临灭绝植物种子方案》《天宫一号熊猫基因搭载方案》荣获一等奖（全国共 10 个）之后，不仅再获"双头奖"（全国共 20 个），还斩获 3 个二等奖和 3 个三等奖（见表 2-1）。

表 2-1 闵行三中天宫二号实验方案获奖名单

序号	方案名称	等第	获奖者	指导教师
1	天宫二号提高虫草中的虫草素探究实验方案	一等奖	赵杰、王霆	侯明伟
2	天宫二号一种可降解塑料菌种的试制实验	一等奖	袁世姣	刘辉
3	豆科植物根瘤菌实验	二等奖	王晨昱、金逸铭、沈家凤	刘辉
4	太空辐射对植物死亡组织消除作用探索	二等奖	王乐乐	马丽、王群
5	失重环境对酵母菌繁殖与变异的影响实验	二等奖	夏晟、张余淇、邓麟童	姚莉丽、刘辉

序号	方案名称	等第	获奖者	指导教师
6	天宫二号抗癌治疗自体免疫细胞实验方案设计	三等奖	林圣寅、孙志远、施嘉骏	侯明伟
7	天宫二号太空稀有气体分子合成实验方案	三等奖	陈海阳、陶燕	刘辉
8	人类受精卵实验方案	三等奖	邹彬	刘辉

赵杰、王霆同学的《天宫二号提高虫草中的虫草素探究实验方案》和袁世姣同学的《天宫二号一种可降解塑料菌种的试制实验》，初衷都是为了研究在太空超低温、强辐射、失重等特殊环境下，如何提升虫草素和可降解塑料菌种的生命力。

"自小我就有一个梦想，梦想有一天能成为一位女航天员。岁月流逝，这个梦想被时间的长河所冲淡。但自从进入闵行三中学习后，我又重拾了航天之梦。"面对采访的记者，袁世姣说："回忆在闵行三中的三年追梦路，我要感谢母校为我和同学们搭建的平台，让我们在学业之余参与各类航天活动，增长知识，积蓄力量。"

天宫二号一种可降解塑料菌种的试制实验

一、问题提出

采用生物降解塑料是当今世界的前沿技术（如淀粉接枝），被广泛地应用于纺织、造纸、油田化学品、可降解地膜、高分子絮凝剂、吸水材料、塑料制品等方面。然而，现有重力条件下，以技术手段降解塑料，不但所需时间很长，而且成本较高（如辐照法）。

在地球目前的温度、气压和重力状态下，靠普通细菌分解塑料，时间要长达百年。如采用填埋法，不但会消耗宝贵的土地资源，而且会污染地下水；采用焚烧法，则会造成空气污染。

二、研究目的

能否借助失重、高真空、强辐射的太空环境，改变细菌的基因，培养出一种能快速降解塑料的菌种，使其能直接吞噬塑料分子，以达到快速降解塑料制品的目的，更有效地缓解地球上的白色污染。

三、研究假设

1. 淀粉［葡萄糖分子（$C_6H_{10}O_5$）n］与烯烃类分子［（C_xH_y）n］，在太空失重、失压、强辐射的条件下，接枝合成能被细菌吞噬的变性淀粉。

2. 在上述条件下，对细菌（真菌、霉菌、丝菌等填埋场常见菌种）的酶分解速度、蛋白质转化率，乃至基因突变产生促进作用。

3. 细菌在上述变性淀粉（宿主）上繁殖，逐步减少（降低）变性淀粉中的葡萄糖分子含量：（$C_6H_{10}O_5$）n（多糖）—$C_{12}H_{22}O_{11}$（二糖）—$C_6H_{10}O_5$（单糖）。

4. 直至细菌在纯烯烃类［（C_xH_y）n］的低分子材料（如聚乙烯、聚丙烯）上繁殖，继而在高分子材料（如聚酯纤维、聚氯乙烯、聚苯乙烯）上得以繁殖。

5. 将能吞噬高分子塑料的菌种带回地面，模拟太空条件进行繁殖培养。经过几代菌种基因变异，最终应用于填埋场或是专业塑料处理中心，使其转化为可再生能源（如汽油、沼气 CH_4）。

四、实验步骤

1. 由于地球上的细菌种类众多，在相对温度和湿度的条件下，选取纬度为10—20度的亚热带区域的多地块地表为 30 厘米（±10 厘米）的土层，其内部包含较多的有氧菌和厌氧菌成分，埋入具有光解性能的超细聚丙烯纤维样本于土层中一周。

2. 取出不同地域样本，分别剪样置入干燥的培养皿，滴入培养液，再置入培养机内。

3. 设立 A、B 两套试样，按土层上下分别依次编组，A 套用于地面对比观察，B 套用于搭载。

4. 搭载完成，将试样带回地面。

5. 将搭载的 B 套试样与地面的 A 套试样进行对比，得出实验结果，写出实验报告。如果假设成立，实验宣告成功，反之则为失败。

五、材料及设备

1. 考虑到太空强辐射射线会杀死样本中的细菌，因此在搭载细菌的培养机外面加了一层抗辐射的铅玻璃材质的屏蔽层。

2. 本实验采用了光合细菌培养基,该培养基不仅可以缩短光合细菌的生长周期,提高光合细菌的活菌数量,还可以消除光合细菌培养过程中的贴壁现象,有利于光线透过容器壁,加快光合细菌生长。

3. 由于本实验采用了太空搭载方法,其体积和重量均受到制约。此外,太空舱24小时会绕行地球数圈,温差较大,这对低级生物—细菌的生存是个考验,所以维系细菌生存的玻璃器皿的设计至关重要。下图为本实验用于培养细菌的搭载玻璃器皿结构示意图。

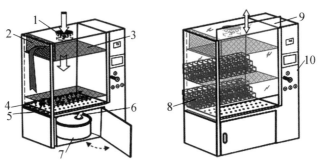

培养细菌的搭载玻璃器皿

图中:1- 小型离心风机;2- 初效滤网;3- 分隔网层;4- 矩阵式气孔;5- 高效空气过滤器;6- 灌液管;7- 培养液/回收液储罐;8- 培养皿;9- 升降玻璃门;10- 控制器。

六、研究结论

1. 若实验成功,淀粉[葡萄糖分子($C_6H_{10}O_5$)n]与烯烃类分子[(C_xH_y)n],在太空失重、失压、强辐射的条件下,接枝合成能被细菌吞噬的变性淀粉。反之则失败。

2. 若实验成功,则在上述条件下,对细菌(真菌、霉菌、丝菌等填埋场常见菌种)的酶分解速度、蛋白质转化率,乃至基因突变产生促进作用。反之则失败。

通过以上实验,可以达到快速降解塑料制品的目的,借助失重、高真空、强辐射的太空环境,培养出一种能快速降解塑料的菌种,更有效地缓解地球上的白色污染,为环境保护作出贡献。

(闵行三中学生 袁世姣)

袁世姣在闵行三中求学阶段，不仅参加了天宫二号搭载方案的设计，还参加了"北斗杯"全国青少年科技创新大赛、"世界中学生水火箭大赛"等一系列比赛。在"北斗杯"全国青少年科技创新大赛中，她以"一种基于北斗厘米级精度的高速公路车载群导航系统"获得上海赛区中学组一等奖、全国总决赛三等奖。

2016 年 8 月，袁世姣以一等奖资格参加了首届全国青少年"航天之梦"夏令营活动。开营仪式上，叶培建院士的讲话令她受益匪浅。受此启发，袁世姣对"北斗杯"获奖项目进行反复修改，"一种厘米级精度的高速公路车载导航系统"最终获得国家发明专利。带着这个项目，她成功地在春考中被上海第二工业大学测控与仪器专业录取。如今，袁世姣在追梦的道路上继续奋斗。

三、放飞梦想

1979 年，闵行三中的物理教研组组长高连成老师组建了学校第一个航模小组。他去南京西路航模商店购买了简单的工具和做航模的板材，招收了 13 位爱好航模的学生。最初，学生们制作了投掷和弹射的飞机模型 30 余架，同时也做了许多实体模型。第二批学员除了做以上模型外，又做了多架线操纵飞机模型和滑翔飞机模型。1984 年，在闵行区中小学航空模型比赛中，金陈松同学获得中学组第一名。初战成功，鼓舞了大家的信心。1985 年，乔金宝同学的歼 -21 模型获得闵行区科技作品展（中学组）一等奖。1985 年 2 月，闵行三中航模组因活动成绩显著，被中国共产主义青年团中央委员会（以下简称团中央）评为"活跃的中学生活"先进集体。1986 年，张忆同学获得上海市中小学模型比赛一等奖及团体三等奖（金陈松等 6 人）。学校积极支持航模组改善条件，添置了小车床和台钻等设备，模型制作也逐渐向难度较高的船模发展。1985 年，我校航模组制成两艘 1 米长的竞赛帆船，接着又制成两艘可遥控的船模——一艘长约 90 厘米的导弹艇，另一艘长约 1.2 米的导弹护卫舰，以及两艘长约 50 厘米的竞速快艇。1986 年，我校以一艘竞速快艇、两艘 F2 级的导弹艇和护卫舰参加在上海市军事体育俱乐部举行的上海市船模比赛。我校乔金宝同学操作一艘长约 1.2 米的护卫舰模型时，因遥控器失灵，遗憾获得第七名。在闵行区体育委员会（今闵行区体育局）和学校的支持下，航模组从广州购买了二通道、四通道各两台遥控器，以及四台船模微型电机，从此闵行三中航模组有了自己的遥控器和竞赛船模专用电动机了。1987年，我校船模组的蒋磊同学在上海市航海模型遥控绕标比赛中荣获第一名。

1990年，我校航模组制作逐步以火箭模型和车模为主。用纸卷成筒状，安装上头部和下部导流翼。根据大小不同，在发射器上装上不同规格的火药和引发器就可以发射了。每次发射都在学校操场中央进行，吸引了许多学生围观。

有段时间，区、市里开展车模比赛，我校航模组为适应形势的需要，做了一辆F1的遥控竞速车模和多辆电动小车模。1997年，陈州同学获"奥迪杯"全国青少年四驱车冠军赛（上海赛区）"闪电飞龙"第八名。同年，我校航模组又获得首届中国玩具节组委会自制玩具——美国阿什维尔导弹快艇二等奖。

进入21世纪，航模组得到进一步发展壮大。如：航天方向，开展水火箭制作与发射、火火箭制作与发射、微纳卫星组装、月球车搭建和空间站建设等项目；航空方向，开展了无人机、遥控飞行等项目。STEAM+无人机创客社团被评为上海市高中生优秀社团。水火箭社团曾两次代表中国参加了亚太地区青少年水火箭活动，很好地展示了中国、上海中学生的精神风貌。

航模制作是闵行三中最受学生喜爱、最具特色和影响的综合实践活动课程。目前，已开发出飞机、火箭、卫星、月球车、空间站等模型制作课程。

（一）航模制作的目标定位

开发航模制作综合实践活动课程，旨在引导学生认识航空航天器的结构、材料、工作原理，激发学生科学探究的兴趣与热情，开发学生创新实践的潜能。

通过"设计—选材—制作—试验—改进"等过程，让学生熟练掌握多种操作技能，增强创意设计、动手操作、技术应用和物化能力，形成在实践操作中学习的意识，提高解决实际问题的能力。

帮助学生了解航空航天器的发展历程和杰出成就，增强民族自信心、自豪感和社会责任感；引导学生深入了解航空航天科学家的成长经历和孜孜以求、献身科学的崇高品行，启蒙学生树立为国成才的人生理想，培养学生矢志不渝的坚毅品质和精益求精的工匠精神；渗透航空航天精神教育，让学生获得有积极意义的价值体验，帮助学生树立正确的世界观、人生观和价值观。

（二）航模制作的课程特色

闵行三中的综合实践活动课程采用 CDIO 工程教学模式，强调工程实践的四个基本环节，即"构思—设计—实施—运作"。"构思"环节，教师介绍关于某一工程的设想和需要用到的知识，帮助学生打开设计思路；学生进行消化吸收，并查阅相关资料，进行设计；根据工程设计，进行制作，并展示制作的作品，听取来自不同方面的评价意见，然后不断进行改进。这一模式创新凸显出综合实践活动课程的综合性。

1. 人文融入科学

闵行三中航空航天模型制作课程在传播科学知识的同时，还将航空航天器的发展历程、发展成就，发明人、操控者及他们的成长历程和精神品质融入课程，彰显课程立德树人的价值。如火箭模型制作教学，让学生通过查阅资料，了解火箭是何时发明的、是谁发明的、怎么想起发明火箭的、其中的演变过程是怎样的等问题，激发学生的求知欲，培养他们的社会责任感和民族自豪感。

2. 技术开启智慧

航空航天模型制作课程不止于传授制作技术，而是通过技术改进，训练学生的思维，开启学生的智慧。如水火箭的制作与发射，首先按照小组展示作品，并就设计思路、材料选择、制作过程进行交流。学生们通过思维激荡，找到了技术改进的灵感。然后，通过一次次发射验证，对如何飞得更高、如何节约能耗等关键环节进行完善。每一次的结构完善和功能增加，都是制作技术进步和材料科学发展的结果。正是有了这两项技术的进步与发展，各种火箭才能发展到当今这样的高水平。

3. 课内课外贯通

综合实践活动课程所用到的知识、原理主要来自学生课内学习，书本基础知识的学习是综合实践活动的基础；反之，综合实践活动又能强化学生对多学科知识的理解与应用。以内辅外，以外养内，内外迁移，融会贯通，是综合实践活动课程的又一创新。

如学生学习"蝙蝠与雷达"一课后，知道了雷达是根据蝙蝠夜间飞行的特点发明的，了解了无线电波、接收器、荧光屏等在雷达工作中的作用。此时，鼓励学生动手制作一个简易的雷达模型，进一步理解雷达工作的原理。由此，进一步启发学生：还有哪些科学技术是从动物身上得到启示的？你能大胆想象并制作一个科技模型吗？有的学生想到了蜻蜓与飞机，并制作了一些简易的飞机模型；有的学生想到了水母、墨鱼靠反冲来运动，理解了火箭升空原理等。在这样的科技模型活动中，学生自觉地运用各种知识，并深层次地理解知识原理。

4. 审美完善工艺

航空航天模型制作不仅是一门技术，还是一门艺术，不仅需要懂得科学原理，还需要审美素养。如滑翔机模型制作，不仅要了解空气动力学的基本原理，还要对受力面进行精加工，保持线条平滑流畅。二战期间，德军包围了列宁格勒（今圣彼得堡），企图用轰炸机摧毁其军事目标和其他防御设施。苏联昆虫学家利用蝴蝶的色彩在花丛中不易被发现的道理，在军事设施上覆盖了蝴蝶花纹般的伪装，使得列宁格勒的军事基地安然无恙。当学生知道这一故事后，纷纷给自己的滑翔机涂上了各种色彩。欣赏这些模型作品后，还会收获一份审美的享受。

（三）航模制作的价值意义

1. 丰富了知识，开阔了视野

航空航天模型活动具有丰富的知识性。在航空航天模型的制作和放飞活动中，学生可以了解到飞机和火箭为什么会升空、飞机和火箭是怎样保持稳定的、螺旋桨为什么会产生动力、飞机和火箭怎样飞得更快……如果深入下去，学生还会接触到导航与控制，学到力、密度、重力、压力、磁场、飞机和火箭的构造、发动机的构造和原理、材料的选择等知识。这些是初高中课本上没有的知识。学生通过航空航天模型活动，丰富了知识，开阔了视野。

2. 培养了学生的思维能力

航空航天模型活动要求参与者在思维方法上要有辩证性、整体性和严密的科学性。一架小小的飞机模型是按真实飞机的一定比例缩小制作的，它是一个整体。一架比赛留空时间的模型飞机，要经过高速爬升和低速滑翔两个阶段。对爬升阶段的调整，主要是拉力线和两半翼扭曲后的迎角大小的调整，重心位置、机翼和平尾的安装角及方向舵对飞机爬升的姿态也有一定的影响。无论是哪个部位的变动，都会直接影响模型滑翔阶段的性能。因此在设计和调整中，必须统筹考虑这两个阶段不同的受力情况。又如，在飞机模型的设计和制作中，要精密计算、反复测量材料的强度、刚度和重量，确定最佳方案。否则，一个小小的疏忽，便会使制作出的模型性能变差，甚至报废。

学生在制作、操作活动中，既要眼看、手做，又要动脑想、动口说，使外部的操作过程与内部的智力活动辩证统一。辩证性、整体性、科学性的有机结合，有力地促进了学生思维的发展。

3. 提升了学生的综合能力

航空航天模型活动有利于塑造学生良好的个性，培养学生坚强的毅力和开拓的精神，形成做事严谨、精益求精的科学态度。

航空航天模型制作从裁剪、折叠、粘贴开始，头锥、箭体、尾翼、降落伞等部件的连接看似简单，实际包含了很多操作要点。这一繁复精密的过程，培养了学生的实践操作能力和问题解决能力。

模型制作需要花费大量的时间，很难在课堂上完成。这就需要学生既要合理分配、科学统筹时间，又要提高学习做事的效率，兼顾好功课学习与个性发展，做到井井有条，忙而不乱。

完成一件完美的模型作品的过程是一个"设计—制作—试验—重构"的反复过程。这一过程考验的是学生的耐心、恒心和细心，培养的是学生善始善终、科学严谨、精益求精的品质。

大件模型的制作和组装需要团队合作才能完成。团队合作强化了学生的角色意识，培养了学生的组织协调能力、交流沟通能力和合作共享能力。

4. 强化了学生的责任担当意识

学生在模型制作过程中了解到我国航空航天器的发展历程和一代代航空航天人为中国的航空航天事业付出的艰辛努力、做出的巨大贡献。航空航天事业的辉煌成就激发了他们的民族自豪感和自信心，航空航天文化滋养了他们立志报国的情怀，航空航天人的精神品质和人格魅力促使他们自觉担负起中华民族伟大复兴的大任。

航空航天模型制作课程的独特价值在于，培养学生的自主、合作、探究学习的能力，培养学生的社会责任感、创新精神和实践能力。我校将持之以恒地开发优质课程资源，加强课程管理与评价，培育壮大专业指导团队，为促进学生全面而有个性的发展提供高品质的课程。

四、圆梦空天

2019 届高三（1）班的 5 名学生逐梦蓝天，终成所愿。

王亚坤，南京航空航天大学外国语学院英语（民航业务、国际贸易、国际商务）专业——"我在闵行三中的这三年里，学校策划举办了各种有关航空航天的知识竞赛和航模活动，给学生提供了很多接触、了解航空航天领域知识的平台。在高中英语课上，老师经常援引我国航空航天发展的相关内容作为阅读资料与写作素材，让我们深入了解我国航空航天在国际上的地位，并为此深感自豪。同时，中国航天'特别能吃苦、特别能战斗、特别能攻关、特别能奉献'的'四个特别'精神对我的成长产生了很大影响。"

顾皓洋，上海工程技术大学交通运输（航空器械维修）专业——"我当初怀着对航空事业的热爱选择了闵行三中，在闵行三中老师们的悉心培养下，顺利考入了与航空相关的院系。我对此志向的坚定离不开闵行三中浓郁的航空教育氛围。在校期间，学校不仅开展过航空航天知识竞赛，还特地邀请了航空领域的多位专家给我们开设各类讲座。这些活动不仅丰富了课余生活，还让我对航空领域有了更多了解。同时，很多志同道合的校友也让我在追梦的路上并不孤独，一路前行。"

夏天，中国民用航空飞行学院交通运输专业——"闵行三中开启了我的航空航天梦想，也感谢我高中所在班级。很怀念许多志趣相投的同窗在一起探讨飞向蓝天的梦想，那时光如同心上的太阳，照亮我人生的每一步路。同窗筑梦想，蓝天共翱翔！"

彭泽伟，上海民航职业技术学院通用航空器维修（直升机维修）专业——"我至今还对学校航空航天节上的各类活动记忆犹新。在校期间，也参加了学校的航模兴趣小组及水火箭发射社团。在孙晔、蒋建龙、侯明伟等老师的带领下，参加了很多激动人心的试飞展示活动。当时，因为热爱，所以放弃了秋考，直接在春考时就报考了上海民航职业技术学院通用航空器维修（直升机维修）专业。大一期间，我递交了入党申请书，参加各种志愿者服务，获得了'上海市安全教育优秀大学生'称号。我以为，选择了航空航天，就是选择昂扬进取、奋发有为的人生道路。"

李佳磊，上海工程技术大学飞行学院飞行技术专业——"母校是我人生的一个起点，教给我知识与人生的意义，让我的生命中有了一道绚丽的彩虹。这道彩虹画在湛蓝的天空里，画在少年缤纷的梦想里，画在我人生追逐的通途里。感谢您，母校！希望母校越来越好！志在蓝天，我心飞翔！"

闵行三中在没有设立特长班、实验班的情况下，一个班级有 5 名学生选择了航空航天类院校或专业，与学校组织开展的生涯导航教育分不开。

教育是为培养未来社会的建设者和接班人，学生迟早要走出象牙塔，迎接他们的是社会方方面面的工作。怎样设计人生，为社会贡献自己的才智，更大程度地实现自己的人生价值是摆在每一个学生面前需要解决的问题。高中是学生世界观、人生观、价值观形成的关键阶段，有效地对学生进行生涯规划方面的引导，帮助学生准确进行人生定位尤为重要。通过"志趣能"的高度匹配，可以让学生在成人、成才、成功的方向上少走弯路。

（一）增强生涯认知

进行有效的职业生涯规划，首先要引导学生对自我进行认识，这是职业发展的起点。在学生入学前或入学初，学校借助职业性向测试和性格测验以及周围人对学生的评价等，引导学生对自己的职业兴趣、性格、能力、价值观等进行全面认识，找到自己最擅长的一面，充分发挥并挖掘自身最大的潜能。开展家长问卷，了解家长对孩子的评价和期望，引导家长深度了解孩子，与学校形成共育合力。开设生涯认知课程，帮助学生增强对自我角色、社会角色、职业角色、社会行为等方面的认识，尽快完成自我同一性的整合，与社会更好地连接起来。

职业技能是就业竞争力的核心内容之一。职业世界关心的是"你能做什么"。学生不是全才，所以首先要了解和准确评估自身的能力状况。仅对自身具备的技能有很好的了解是不够的，还需要了解这些技能可以在什么样的职业中得到应用，自己心仪的职业在技能方面有什么样的要求，二者之间是否匹配。在职业选择过程中，一方面，注意引导学生找准自己的兴趣，形成良好的职业兴趣品质；另一方面，注意引导学生衡量自己有无实现兴趣的能力，并保持职业兴趣的相对稳定。

学校常年坚持开展以"航天强国、航空报国"为主题的"八个一"系列教育活动：读一本航空航天故事书，看一部以航空航天为主题的电影，写一篇有关航空航天精神的体会文章，开一次"弘扬航空航天精神，立志报效祖国"的主题班会，举办一届航空航天节，组织一次航空航天场馆参观活动，开展一次航空航天科普宣讲志愿活动，采访一位航空航天工作者，旨在增强学生对航空航天职业的了解和认同。

（二）加强生涯探索

在学科教学中渗透生涯探索内容，以航空航天为例，体育课拓展"三维环"训练，艺术课进行太空画欣赏与创作。正如王亚坤所说，她的航天梦是在英语课上点燃的，老师经常援引我国航空航天发展的相关内容作为阅读资料与写作素材，让她深入了解我国航空航天在国际上的地位，并为此深感自豪，坚定了她逐梦空天的志向。

闵行三中校园内充满了航空航天元素，遍布校园的航空航天文化十景、创意工坊、苏烨青少年科学院、空天翱翔馆，为学生提供了认识航空航天器、进行模型制作发射、操作体验模拟飞行等机会。学校的"三类课程""六节两会"为学生综合素养提升搭建了实践平台。航天英雄、科普专家的系列讲座打开了学生眼界，培育了他们捍卫领空的爱国情怀、亲近太空的飞天梦想和刚健有为的人生姿态，汲取了奋进力量。组织学生亲临火箭发射现场、亲身驾机体验，感受震撼，激发动能，播种梦想。正如考取上海工程技术大学飞行学院的李佳磊所说，学校里的模拟飞行体验激发了他的飞行员之梦，让他从高一起就有了明确的职业方向并为之努力。上海工程技术大学交通运输（航空机械维修）专业的顾浩洋和上海民航职业技术学院通用航空器维修（直升机维修）专业的彭泽伟，在校期间都参加了学校的航模兴趣小组和水火箭发射社团。他们笑称，如果他们再晚一届，像现在的学弟学妹能参加学校与东航飞行培训中心（今上海东方飞行培训有限公司）、"视像中国"远程教育发展中心联合开发的"飞行进阶课程"，能参加学校飞行实验班和去实地体验，估计今后报考航空航天类专业的学生会更多。

（三）明确生涯选择

作为一所有着鲜明的航空航天特色的高中，我校吸引了一批兼具航空航天精神和工科素养的优秀学生。随着高招政策的调整，航空航天类院校和专业提出了选考物理和化学的要求。闵行三中学生对物理、化学学科，尤其是物理，内心是发怵的，原因不言而喻，跟全市头部学校的学生选考同一科目，没有任何优势可言，竞争压力可想而知。但是，学生又不想过早地和自己向往的职业生涯失之交臂。学生自信心不足，主要原因在于初中阶段文化课成绩同我市头部学校的学生相比，存在着客观差距。学校决定以提升学生自信心为着力点，让学生在他们热爱的航空航天学习领域找回自信，进而激发自身潜能。等学生心态改变了，精神振奋了，再把物理、化学学科学习与航空航天领域的课题研究结合起来，用物理、化学学科知识来解决学生迫切想解决的航空航天领域的实际问题。学生学习的内生动力增强了，物理、化学也变得不那么可怕了。2017—2019届新高考落地的头三年，闵行三中选考物理、化学的学生锐减。2020届，选考物理、化学的学生有了大幅度增加，超过半数学生选考了物理、化学，打破了普通中学学生不敢选理化的颓势。这一届的学生以99.51%的本科率，创造了闵行三中高考最好成绩。

在一场题为"学校是不是培养学生个性化的主要阵地"的辩论赛结束后，我校的姚源同学对领队老师说："老师，我觉得自己能进入闵行三中学习太幸运了，我在这里找到了自己的人生方向。"在浓厚的校园航空航天特色氛围的熏陶下，他如愿以偿地考取了哈尔滨工业大学机械设计制造及其自动化专业。他在给同学毕业纪念册的留言中写道："我要把中华民族伟大复兴的梦想写在浩渺太空上。"

引导、培养学生自我探索、自我规划，努力让每一个学生能正确地定位、规划、引领自己，从而更好地成就自己，是学校生涯规划教育应有的责任与担当。闵行三中的生涯规划课程从学校"尊重禀赋，开启潜能"的核心教育理念出发，将学生终身发展和学校特色发展有机融合，呵护每一个学生的人生梦想，助力学生圆梦航空航天。

近年来,随着航空航天领域生涯发展指导的加强,考取航空航天院校和专业的学生逐年递增。2017—2020届考取33人,2021届考取13人,实现跨越式增长。哈尔滨工业大学、南京航空航天大学、同济大学、中国民航大学、南昌航空大学、上海工程技术大学、中国民用航空飞行学院、郑州航空工业管理学院、上海海事大学、上海民航职业技术学院成为学生圆梦航空航天的殿堂。2021届还出现两个可喜变化:一是姚源同学考上哈尔滨工业大学,实现高校层次的新突破;二是张怡宁、李依萌、刘申玮三位女学生考取民航物流、空管、空乘专业,打开了女学生考取航空航天院校的大门。

第三章

导航：一种素养与一组课程

有一种素养叫"空天素养"，这是一种综合素养，是闵行三中"尚德、立志、启慧、砺行"的育人目标和中国学生核心素养在航空航天教育领域的目标表征，前者和后者一体贯通，融合培育，相辅相成。

有一组课程叫"逐梦空天"，包括生涯与规划、历史与人文、材料与科学、交通与通信、机械与模型、航宇与飞行六大模块、20多门课程分层分类设置，为有志于逐梦蓝天的学生提供方向和动能。

"逐梦空天"课程为"空天素养"培育插上腾飞翅膀！

第一节 有一种素养叫"空天素养"

2016 年 1 月，我从七宝中学调入闵行三中担任书记、副校长。同年 7 月，又接任校长，从老校长颛孙长宗手中接过特色普通高中建设的接力棒。我和全校师生一起朝着心中共同的目标，爬坡过坎，翻山越岭，走过"培养未来卓越工程师—培育工程素养—培育'空天素养'"的探索之路，逐步从外围进入特色普通高中的"中央地带"。回顾闵行三中特色普通高中的创建历程，学校在不断地校正目标定位。这一过程不仅深化了我们对学校教育的理解，还升华了对航空航天教育价值的洞见。

一、"空天素养"概念的提出

（一）"空天素养"提出的过程

1. 创建规划：奠基"未来卓越工程师"

2016 年 4 月，我起草了闵行三中特色普通高中创建规划《航空航天教育：奠基"未来卓越工程师"》，呈送给上海市特色普通高中培育项目组。2016 年 7 月，规划通过评审，闵行三中被批准纳入第二批项目学校。

如何为培养"未来卓越工程师"奠基？学校要充分发挥航空航天特色课程的育人功能，着力通过课程把"特别能吃苦、特别能战斗、特别能攻关、特别能奉献"的载人航天精神逐步内化为刻苦钻研、艰苦奋斗、自主学习、合作探究、创新创造的科学精神和学习品质，提升学生适应未来社会需要的综合素质。从完全中学的优势出发，从人的发展由"兴趣·乐趣·志趣"组成的心理发展规律和成才规律优化课程设计。对于初中生，关注兴趣培养和活动体验；对于高中生，注重动手实践和创新创造。初中培植兴趣，形成乐趣，高中培养志趣，关照学生一生成长，对学生终身发展负责。

奠基"未来卓越工程师"的定位，源于对闵行三中先天的"工业基因"铸就的"工业强国"的初心的深刻洞察。闵行三中是 20 世纪 60 年代诞生在我国第一批工业卫星城的一所学校。建校伊始，学校就大力开展维修电钻、组装电子元器件等工业技能教育。改革开放带来工业转型，航空航天教育走进学校，航模活动悄然兴起，"航模小组"连获佳绩，被团中央命名为"活跃的中学生活"先进集体。世纪之交，"航天闵行"区位发展战略为闵行三中航空航天教育集聚了丰富的优质资源，"我为航天闵行出份力"的科普教育如火如荼。2011 年，"种子上天"点燃了闵行三中一批有志于航空航天事业的学生的飞天梦想。三万多名毕业生从闵行三中走出去，大多奋斗奉献在工业战线上。可见，成为"未来卓越工程师"已经成了闵行三中学生普遍的心理趋势。

2. 分组交流：培育学生工程素养

上海市特色普通高中建设项目组将项目学校按照理工、科技、艺术、语言与优秀传统文化、体育、商业财经金融、法治和综合进行分类指导。分组交流既是观察，更是检阅。

2017 年 1 月 12 日，在理工类一组（上海市嘉定二中、徐汇中学、闵行三中、上海理工大学附属中学），我代表闵行三中以"开展航空航天教育，培育学生工程素养"为题作交流发言。本次交流会上，我们所提出的目标涵盖了近期目标和远期目标。近期，把学生培养成为工程素养突出的现代高中生。远期，把学生培养成能适应社会需要、创造美好生活的"未来卓越工程师"。

随着中国学生核心素养研究成果的发布，基础教育课程教学进入了"素养培育"时代。我们敏锐地捕捉到这一变化，首次提出了"工程素养"的概念。近期，通过航空航天人文和科技教育，培养学生的工程素养，即让学生具有工程知识、意识、思维、方法和精神。远期，将航空航天教育融入学生核心素养培育体系，通过生涯教育，让学生认清自我、了解未来，并理解人类真正美好的生活；通过航空航天教育，培养学生的工程素养，让学生成为具有广博的工程知识、强烈的工程意识、良好的工程思维、灵活的工程方法和可贵的工程精神且能适应社会需要、创造美好生活的"未来卓越工程师"。

3. 最终定位：培育学生"空天素养"

（1）首提"空天素养"

2018年1月19日，闵行三中邀请上海市特色普通高中建设专家组来校指导，并就2018年底展示准备工作征询专家意见。我代表闵行三中以"特色普通高中创建的进展、问题与求解"为题作工作汇报。

汇报时，我们坚守的目标仍然是培育学生的工程素养，为培养"未来卓越工程师"奠基。同时，将工程素养培育作为达成"尚德、立志、启慧、砺行"育人目标的重要载体，从工程知识与技能、工程思维与方法、工程精神与意识方面对育人目标进行校本化、个性化解读，将工程素养与育人目标进行匹配。

咨询会上，多位专家建议闵行三中既然以航空航天教育为特色，就应该旗帜鲜明地提出"空天素养"，并进一步加强研究，精准提炼出"空天素养"的内涵。

（2）诠释"空天素养"

2018年6月27日，闵行区教育局邀请上海市特色普通高中建设专家组指导闵行区五所项目学校创建，我代表闵行三中以"培育空天素养，奠基未来栋梁"为题作工作汇报。

本次汇报，我们将航空航天教育的目标表述为：把学生培养成"空天素养"突出，能适应未来社会需要、创造美好生活、知行合一、德才兼备的建设者。我校正式提出"空天素养"，并对其核心指标作了界定，即爱国报国的飞天情怀、知行统一的求实作风、合作攻关的协同观念、身心和谐的健全人格、探秘解密的创意实践、服务人类的宇宙视野。

（3）贯通"空天素养"与学校育人目标

2018年9月7日，为检验特色普通高中展示的筹备情况，闵行三中邀请市、区特色普通高中建设专家组成员莅临指导，我代表闵行三中以"培育空天素养，实现学生全面而有个性的发展"为题作工作汇报。

本次汇报，我们进一步丰富了"空天素养"的内涵，并实现了与学校育人目标的一体贯通。"实现学生全面而有个性的发展"是当年全市校园长暑期培训的主题，而且符合特色普通高中的育人目标定位，"全面发展"和"个性化发展"恰切地处理了特色普通高中"普"与"特"的关系。

党的十九大报告明确提出，"要以培养担当民族复兴大任的时代新人为着眼点"。2018年9月10日，全国教育大会召开，习近平总书记指出："我国是中国共产党领导的社会主义国家，这就决定了我们的教育必须把培养社会主义建设者和接班人作为根本任务，培养一代又一代拥护中国共产党领导和我国社会主义制度、立志为中国特色社会主义奋斗终身的有用人才。"育人，育时代新人，让教育价值回归本真，也为闵行三中培育"空天素养"找到归属。2018年11月3日上午，闵行区教育局集中听取本区五所特色普通高中培育学校的创建工作汇报；下午，市、区专家到闵行三中调研指导。2018年12月20日，闵行三中举行特色普通高中市级展示。2019年11月18日，闵行三中迎来上海市特色普通高中初评，汇报的题目定为"培育空天素养，造就时代新人"。

（二）"空天素养"提出过程辨析

纵观目标定位，方向大体是正确的。但是，也反映出我们对高中教育，尤其是特色普通高中教育的理解有偏差，存在窄化、弱化、浅化的弊端。表述的变化反映了我们对特色普通高中定位的认识在逐步走向清晰，逐步从边缘区域走向中央地带。

1. 从培养专门人才到促进学生全面而有个性的发展

从创建规划和前期汇报交流的"培养未来卓越工程师"目标定位，到后期立足于"促进学生全面而有个性的发展"，这一变化更加精准地体现了我们对普通高中教育功能的理解在逐步深化。我国普通高中教育是在义务教育的基础上进一步提高国民素质、面向大众的基础教育。普通高中学校既不是职业学校，也不是专门技术学校，其主要任务是促进学生全面而有个性的发展，为学生适应社会生活、高等教育和职业发展作准备，为学生的终身发展奠定基础。

这一目标定位变化为贯彻"五育"并举的教育方针开辟了通途。我们将航空航天教育之"盐"融入"五育"之"汤"，将必修课程、选择性必修课程全面融入"空天素养"培育；常态化开展传扬航空航天精神的德育主题教育活动，在学校的六大主题文化节日中融入航空航天教育元素；重点开展以航空航天科技为项目的科技创新活动；在体育教育中自然融入飞行员训练项目和军事、军政训练项目；积极开展航空航天绘画竞赛活动；将航空航天模型制作与发射、太空植物栽培等技术课程融入劳动教育，培养学生的劳动技能，以及尊重劳动和劳动者的情感，实现学生全面而有个性的发展。

2. 从单一素养培育到综合素养培育

工程素养是指从事工程实践的工程专业技术人员的一种能力，是面向工程实践活动时所具有的潜能和适应性，和科学素养、技术素养、人文素养、审美素养等一样，属于比较单一的素养。

"空天素养"不是单一的行业或领域素养，是综合素养，包括爱国情怀、崇高理想、思维品质、合作意识、健全人格、审美情趣、工匠精神和创新人格。由于综合素养的包容性，足球、女子曲棍球教育养成的"健康体魄、健全人格、合作拼搏、坚毅品质"等体育素养，昆曲教育培养的"发现美、鉴赏美、创造美"等审美素养，与"空天素养"目标中的体育素养、审美素养高度契合。因此，从素养培育的角度看，学校开展的足球、昆曲、女子曲棍球教育和航空航天教育虽然项目不同，但是在素养目标的某一向度上是一致的。素养立意帮助我们解决了闵行三中究竟是体育特色、艺术特色，还是科技特色的长期困扰。

我们将"空天素养"融入闵行三中全面发展的育人目标体系中，成为中国学生核心素养的重要组成部分。通过"空天素养"的培育，整体提升学生的核心素养，从而实现特色育人与全面育人的有机融合、学生全面发展与个性化发展的有机统一。

3. 从"材"的塑造到"人"的培养

"栋梁"是支撑建筑物的重要支柱，是"材"。时代新人是中国特色社会主义事业的建设者和接班人。

"人才"由"人"与"才"组成。"才"关注的是"三力"，即创造力、分析力、领导力。人有"三观",即世界观、人生观、价值观。度量"才"的词是成绩、成功、成就,而形容"人"的词则是自由、快乐、幸福。"育人"比"育才"更根本,是因为教育的最终目的是"育人"。

中国教育的传统历来都重视"人的教育"。这个重"人"的传统后来发生了变化,直接原因是近代以来,中国经济发展落后于西方了。因此,要科学救国、技术救国、实业救国。教育要转向科学知识、技术知识、专业知识的传授,转向对"才"的培养。"育才"也随之变成了教育的最终目的。随着人类文明的进步,教育最终要落实到"育人"上来。

教育如何体现"育人"?即要落实到人文精神、人格养成和人生发展的教育。"空天素养"所崇尚的爱国情怀、崇高理想、健全人格、坚毅品格正是"人之为人"的底色和基础。"空天素养"也强调科学思维、创新人格和实践能力。"成人成事"是学生核心素养的衡量尺度,"科学与人文并举"是驱动人类文明进步的两轮。从"材"的塑造到"人"的培养,让我们回到教育本源看教育,对教育的理解与认识更加科学。

闵行三中航空航天教育目标定位的"一日三变",不是因为缺乏常识,缺少定力,恰恰说明闵行三中在顺应教育改革和时代发展中,及时、灵活、科学地作出判断和调整,更好地适应了新时代教育改革与发展的需要,有力地促进了特色普通高中的健康持续发展。

二、"空天素养"内涵的界定

(一)"空天素养"内涵演绎

航空航天教育是闵行三中的特色教育,它和学校开展的所有教育活动一起,都为达成闵行三中的育人目标服务,而一所学校的育人目标是在学校教育理念指导下厘定的。反过来,一所学校有什么样的教育理念,就会提出什么样的育人目标,而这样的育人目标的实现需要细化分解到学校的各种教育活动中去落地生根,见图3-1。

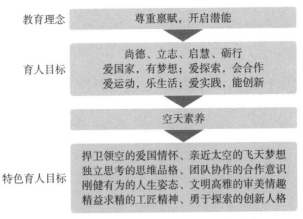

图 3-1 "空天素养"内涵演绎的逻辑关系

"尊重禀赋，开启潜能"是闵行三中的核心教育理念。尊重的是教育规律、学生成长规律、办学规律，要求我们要按规律从教，按规律育人，按规律办学。我们必须坚定这份办学的理论自信，在教育教学中一以贯之、创造性地实施以"尊重"为价值追求的学校教育。

在"尊重禀赋，开启潜能"的育人理念下，我们提出"尚德、立志、启慧、砺行"的育人目标，这一育人目标是国家"培养德智体美劳全面发展的社会主义建设者和接班人"培养目标的校本表达。"尚德、立志、启慧、砺行"引领闵行三中学生爱家国，有梦想；爱探索，会合作；爱运动，乐生活；爱实践，能创新。具体要求如表 3-1 所示。

表 3-1 闵行三中的育人目标及具体要求

育人目标	具体要求
爱家国，有梦想	孝亲尊长敬贤，胸怀民族复兴，弘扬优秀文化，践行核心价值；发现自我禀赋，发掘自身潜力，明确人生方向，成就出彩人生
爱探索，会合作	勤奋乐学善思，发展理性思维，敢于批判质疑，勇于想象探究；诚信友善待人，热心公益互助，维护公平正义，具有国际视野
爱运动，乐生活	热爱体育运动，掌握方法技能，养成文明习惯，拥抱健康生活；懂得珍爱生命，拥有健全人格，能够自我管理，具有审美情趣
爱实践，能创新	崇尚踏实劳动，具备动手能力，改进劳动方式，提高劳动效率；敏锐发现问题，优化解决方案，具有工程思维，善用先进技术

航空航天教育目标的设定，必须在闵行三中"尚德、立志、启慧、砺行"的育人目标框架内，为实现闵行三中的育人目标而服务。

（二）"空天素养"指标体系

闵行三中航空航天教育的目标定位是培育学生的"空天素养"。我们将"空天素养"界定为捍卫领空的爱国情怀、亲近太空的飞天梦想、独立思考的思维品格、团队协作的合作意识、刚健有为的人生姿态、文明高雅的审美情趣、精益求精的工匠精神、勇于探索的创新人格。

开展航空航天教育，旨在培育学生的"空天素养"。"空天素养"基于学校育人目标，指向学生发展的核心素养，如表 3-2 所示。

表 3-2 "空天素养"与学校育人目标的对应关系

学校育人目标		空天素养
尚德 立志 启慧 砺行	爱家国，有梦想	捍卫领空的爱国情怀、亲近太空的飞天梦想
	爱探索，会合作	独立思考的思维品格、团队协作的合作意识
	爱运动，乐生活	刚健有为的人生姿态、文明高雅的审美情趣
	爱实践，能创新	精益求精的工匠精神、勇于探索的创新人格

闵行三中深入研究学生的年龄特征、认知发展规律，将"空天素养"发展目标分解到各年级，形成递进发展的年级目标，如表 3-3 所示。

表 3-3 闵行三中"空天素养"的年级目标

空天素养	年级目标		
	高一	高二	高三
捍卫领空的爱国情怀 亲近太空的飞天梦想	强化国防意识 播种空天梦想	厚植爱国情怀 追逐空天梦想	立志报效祖国 放飞空天梦想
独立思考的思维品格 团队协作的合作意识	发展理性思维 诚信友善待人	敢于批判质疑 热心公益互助	勇于想象探究 具有国际视野
刚健有为的人生姿态 文明高雅的审美情趣	热爱体育运动 能够自我管理	掌握方法技能 拥有健全人格	养成文明习惯 具有审美情趣
精益求精的工匠精神 勇于探索的创新人格	崇尚踏实劳动 敏锐发现问题	具备动手能力 优化解决方案	改进劳动方式 善用先进技术

三、"空天素养"与核心素养

（一）"空天素养"的本质属性

"空天素养"本质上属于学科核心素养。学科核心素养是核心素养在特定学科（或学习领域）的具体化，是学生学习一门学科（或特定学习领域）之后形成的具有学科特点的关键成就，是学科育人价值的集中体现。"空天素养"是学生通过航空航天这一特定领域学习后形成的正确价值观念、必备品格和关键能力。其核心素养主要包括家国情怀、工程思维和工匠精神。

1. 家国情怀

家国情怀是一个人对自己国家和人民所表现出来的深情大爱，是对国家富强、人民幸福所展现出来的理想追求，是对自己国家的一种高度认同感、归属感、责任感和使命感。践行航空报国，捍卫神圣不可侵犯的领空，是每一个华夏儿女的崇高职责；建设航天强国，亲近令人无限憧憬的太空，是每一个炎黄子孙的文化使命。

2. 工程思维

科学家通过科学思维，"发现"外部世界中已经存在着的事物和自然规律；技术专家通过技术思维，不断增强人类改造自然的能力；艺术家通过想象，创造和丰富了人类复杂的精神世界和审美需求；工程师通过工程活动，"创造"出自然界中从来没有过且永远也不可能自发出现的新的存在物。航空航天教育主要属于工程活动，重在发展人的工程思维能力，包括创意设计、创意实践、创意表达和物化能力。

3. 工匠精神

工匠精神包括四个要素：一是敬业，是指从业者基于对职业的敬畏和热爱而产生的一种全身心投入的认认真真、尽职尽责的职业精神状态；二是精益，是指从业者对每件产品、每道工序都凝神聚力、精益求精、追求极致的职业品质；三是专注，是指内心笃定而着眼于细节的耐心、执着、坚持的精神，是一切"大国工匠"所必须具备的精神特质；四是创新，是指追求突破、追求革新。古往今来，热衷于创新和发明的工匠们一直是世界科技进步的重要推动力量。航空航天事业最需要具有这种工匠精神的人。

家国情怀，着眼塑造学生正确的价值观念；工程思维，着力提升学生的关键能力；工匠精神，着重培育学生的必备品格。

（二）"空天素养"与核心素养的关系

我们将"空天素养"的核心指标筛选出来，对应地归类到中国学生发展核心素养的框架中，惊喜地发现，"空天素养"与"人文底蕴、科学精神、学会学习、健康生活、责任担当、实践创新"完整匹配、高度一致，如表3-4所示。

表3-4 "空天素养"与中国学生发展核心素养的对应关系

中国学生发展核心素养		空天素养
文化基础	人文底蕴	爱国情怀、飞天梦想
	科学精神	敢于批判、善于质疑
自主发展	学会学习	独立思考、团队协作
	健康生活	刚健有为、文明高雅
社会参与	责任担当	捍卫领空、服务人类
	实践创新	勇于探索、精益求精

四、航空航天教育与"五育"融合

在大国竞争中，激扬民族自信和强国之梦；在文化传承中，赓续奋斗奉献和工匠精神；在修身治学中，涵养身心健康和创新创造。航空航天教育与德智体美劳"五育"具有广泛的联系和结合点，有助于学校实现立德树人根本任务。

（一）在"五育"中融合航空航天教育

德育是对学生进行思想、政治、道德、法律和心理健康教育，是学校教育工作的重要组成部分，对学生健康成长成才和学校工作具有重要的导向、动力和保证作用。在德育认知层面，学校开设神舟讲坛，邀请航空航天英雄来给学生作报告，增强民族自豪感和自信心；开设"航空航天英雄谱"选修课程，让学生了解航空航天事业开创者、推动者和英雄飞行员、航天员，汲取进取动力。在德育实践层面，学校组织学生走进发射现场，采访航空航天人，体验航空航天职业；组建航空航天科普、文化宣讲团，在场馆、进社区进行宣传，进行生涯导航，进行自我教育。

智育是有目的、有计划、有组织地向学生传授系统的文化科学知识和技能的教育。学校通过"播种空天梦想"通识课程，以古今中外航空航天大事件为导引，带领学生系统了解航空航天基础知识；通过"文·化之恋""航空航天原理诠释""设计思维""航空航天 STEM""空间地图制作""人造卫星制作与测控""仪表与导航""航线与飞行""模拟飞行驾驶""遥控飞行"等选修课程，全面提升学生航空航天方面的技能。

体育是通过培养学生的体育兴趣、态度、习惯、知识和能力，来增强学生的身体素质，培养学生的道德和意志品质，促进学生身心健康发展的教育活动。航空航天活动对人的身心素质提出了更高的要求，因此，学校增加了"飞行员身心素质要求""三维环训练"等军事体育课程。

美育是通过培养人们认识美、体验美、感受美、欣赏美和创造美的能力，使其具有美的理想、美的情操、美的品格和美的素养的教育。飞行员、航天员挺拔的身形，空警、空乘飒爽的英姿，无不让我们肃然起敬，于是开设了"航空礼仪"课程。由于浩瀚星辰让我们充满无限遐想，带领学生用手中的画笔开展太空画创作。我们还经常推荐学生阅读、观看航空航天主题书籍和电影，陶冶学生的审美情操。

劳动教育是使学生树立正确的劳动观点和劳动态度，热爱劳动和劳动人民，养成劳动习惯的教育。闵行三中在劳动教育中注重融入"火箭模型制作与发射""卫星模型制作""航模飞行"等航空航天特色课程，以培养学生尊重劳动和劳动者、珍惜劳动成果、崇尚创新创造的意识和能力。

在德智体美劳中融合航空航天教育成为闵行三中全体教师的文化自觉。

（二）在航空航天教育中融合"五育"

1. "逐梦空天"校本特色课程设计与开发注重"五育"均衡

"生涯与规划"模块，开发了"走进（近）"系列课程，如走进发射现场、走近航空航天院校、走近航空航天人。"历史与人文"模块，开发了系列"讲坛"课程，如专家讲坛、家长讲坛、学友讲坛、同伴讲坛，主要围绕航空航天事业的大发展、航空航天人的大贡献等，重点突出爱国、奉献、理想、信念等品德教育。"材料与科学"模块，探秘新型材料，解密空天原理。"交通与通信"模块，包括天地连线、火箭遥感、卫星测控等，聚焦空天科学，突出智育。"机械与模型""航宇与飞行"模块，包括制作航空航天器的金属、木艺模型，模拟飞行驾驶，遥控飞行，水火箭、火火箭模型制作与发射，飞行实操体验等，重在让学生动手制作、操作，突出劳动教育。学校还在初中低年级开展太空画制作，鼓励并指导有志于航空航天的学生坚持健身锻炼、保护好视力，突出美育和体育健康。同时，不断完善"逐梦空天"课程内容结构，使"逐梦空天"课程群成为学生德智体美劳和谐发展的重要场域，使"空天素养"成为"五育"融合发展的结晶。

2. 航空航天课程实施中注重"五育"融合

2018 年 12 月 20 日，闵行三中特色普通高中建设成果面向全市展示。这次展示是航空航天教育的全方位亮相，既有学校航空航天教育文化氛围的营造，也有航空航天教育资源建设的展陈，还有创建历程的全面汇报，重点是航空航天课程教学展示。在全面开放课程教学的基础上，重点推荐了一些特色鲜明的选修课程，如表 3-5 所示。

表 3-5 闵行三中特色普通高中展示推荐课

类别	序号	课程	教师	上课地点	学生数（人）
人文	1	航空航天英雄谱	许寅	高二（2）班教室	30
科技	2	水火箭发射原理	侯明伟	劳技专用教室	12
	3	铁皮石斛组织培养	张红梅	濒危植物保护创新实验室	6
	4	航天植物水培种植	杨丽英	濒危植物保护创新实验室	6
工程	5	空天创客	万奕娜	11 楼创新制作区	24
	6	空天模型结构研究	胡陈红	打印 1001 室，建模 503 机房	21

（续表）

类别	序号	课程	教师	上课地点	学生数（人）
综合	7	航空航天 STEM	孙晔、尹钰钿	1007 室（研究型课程）	24
	8	空间地图制作	黄静	地理专用教室	29
	9	文·化之恋	高春妹	高二（1）班教室	12

这些课程的选择推出，主要想传达学校"五育"融合实施的初衷。"航空航天英雄谱"主要承载理想信念教育，"水火箭发射原理"侧重科学原理诠释与理解，"铁皮石斛组织培养""航天植物水培种植"侧重科学方法和工具的理解与应用，"空天创客""空天模型结构研究"侧重建模、创意设计，"航空航天 STEM""空间地图制作"侧重创意表达和动手操作，"文·化之恋"侧重跨学科学习。这一类航空航天特色课程在实施的过程中，从一个或多个维度回应了"五育"融合实施的基本教育思想。

第二节 有一组课程叫"逐梦空天"

"逐梦空天"是闵行三中在航空航天教育领域开发的校本课程群组。闵行三中特色普通高中创建阶段,上海市"双新"改革尚未全面启动,"逐梦空天"校本特色课程是按照"上海三类"——基础型课程、拓展型课程、研究型课程来建构的。本节仍将沿用"上海三类"的话语体系来叙述,完整再现"逐梦空天"课程的发展历程、理念、内容、结构、管理和评价。在第六章中,本书将呈现"逐梦空天"课程从"上海三类"向"全国三类"(必修课程、选择性必修课程、选修课程)结构转型的设计和思考,旨在完整描绘闵行三中航空航天教育校本特色课程的发展历程,以凸显校本课程的动态生成性和鲜明时代感。

一、"逐梦空天"课程发展历程与理念

(一)"逐梦空天"课程发展历程

"逐梦空天"课程一路走来,历时 40 余载,大致经历了 3 个阶段。

1. 特色项目阶段(1979 年 9 月—2011 年 8 月)

这一阶段,以航空航天科普教育、单项的航天科技活动为主要内容。

20 世纪 70 年代末,闵行三中就成立了航模小组,在上海市和全国航模比赛中多次获得冠军。1985 年,闵行三中航模小组被团中央命名为"活跃的中学生活"先进集体。2006 年 9 月起,在上海市"二期"课改的深入实施中,闵行三中以研究型课程实施为突破口,把"航天科普教育"作为高中研究型课程内容之一,开展以"我为航天闵行出份力"为主题的研究性学习综合实践活动。此外,

学校还组织学生开展了一系列参观、调查、访谈等探究活动，取得了一批研究成果。研究型课程为学校航天科普活动搭建了一个收放自如的平台，航天科技活动从无组织的"游击战"逐步向规范系统的"阵地战"转变。

2. 学校特色阶段（2011 年 9 月—2016 年 8 月）

这一阶段，以课程建设提升学校航空航天科技、文化教育内涵。

从 2011 年开始，学校在基础型课程、拓展型课程、研究型课程和社团课程等更广泛的领域整合航空航天科技、文化教育。学校连续举办 6 届航天科技节，在区域范围展示学校的航空航天教育课程，与周边学校共同开展航空航天科技活动，使航天科技节逐步成为闵行三中航空航天教育的文化品牌。其间，学校大量开展航空航天知识普及、航模制作、创意设计等活动，并组织学生参加了国内外高水平的航空航天科技比赛。比如，苏烨等学生的实验方案入选天宫一号搭载方案，全国各主流媒体进行了上百次报道，扩大了学校航空航天教育的影响力。我校学生荣获了"全国青少年科技创新大赛一等奖"在内的全国及市级奖项 400 多项。"探梦天宫"团队荣获了上海学子"感动校园十大人物"，得到中国共产党上海市委员会、上海市人民政府领导接见并合影留念。学校荣获了"全国特色教育优秀学校"称号。学校的航空航天特色由小范围的"阵地战"向规模化的"集团战"转变。

3. 特色学校阶段（2016 年 9 月至今）

这一阶段，以航空航天特色课程培养学生的"空天素养"。

2016 年 9 月，学校开始进入航空航天特色课程的深化完善阶段，依托区级重大研究项目，探索特色课程的图谱化建设，航空航天特色课程实现与学校教育理念、育人目标的深度融合，以及与学校三类课程的有机整合。其间，学校相继荣获全国航天特色学校、全国航空特色学校等荣誉，挂牌空军招飞合作培养学校、上海市交通大学航空航天学院学生社会实践基地。2016 年 7 月，学校被正式批准入围上海市特色普通高中培育学校。截至 2018 年 9 月，政府投入近千万元的航空航天教育创新实验场馆相继建成，校园航空航天教育显性文化更加浓厚，航空航天教育师资队伍逐步壮大，航空航天教育资源更加丰富，航空航天教育成果日益显现。2018 年 12 月 20 日，我校以"育空天素养，树时代新人"为主题向全市进行了全方位展示,得到了专家、领导和同行的充分肯定和高度赞誉。全校师生都在为创建航空航天教育特色学校而不懈努力。

以上三个阶段,由点到面、由粗至细、由外而内,是学校实践拓展和内涵发展结合的结果,是特色办学自然发展和自觉提升的过程。

(二)"逐梦空天"课程理念

闵行三中的课程理念是:为每一个孩子逐梦未来提供力量。聚焦到"逐梦空天"课程,致力于为每一个有航空航天梦想的孩子提供"逐梦空天"的力量。

课程即成长方向,课程为学生成长指明方向。学校通过开发和设置系列特色课程,更好地满足学生个性化需求,让学生在适合自己的课程中遨游并健康成长。

课程即力量源泉,课程是学生核心素养提升的源泉。学校的课程目标设置必须与学生核心素养体系相一致,让课程真正能成为学生价值观念、必备品格和关键能力提升的重要源泉。

课程即个性生长。每个学生都是一个独一无二的个体,都具有不同的禀赋和天性。特色课程就是为每一个孩子提供一条适合他的跑道,让他在自己的跑道上加速奔跑,跑出自己的姿态和风采。

课程即美好未来。汲取人类文明成果、紧扣时代发展脉搏、追踪科学发展前沿、符合未来人才需求的,适合每一个孩子天性的特色课程,一定能为孩子创造出光明美好的未来。

总之,"逐梦空天"课程就是尊重学生的个性特长,为学生设计好成长路线图,让学生在这条个性化的跑道上不断提升自身的核心素养,健康地奔向自己的美好未来。

二、"逐梦空天"课程的内容与结构

(一)内容框架

根据"空天素养"培育要求,我校将"逐梦空天"课程分成六大模块:生涯与规划、历史与人文、材料与科学、交通与通信、机械与模型、航宇与飞行,如表3-6所示。

表 3-6　闵行三中"逐梦空天"课程一览表

模块	课程举例
生涯与规划	"飞行进阶课程"之生涯与规划、走进发射现场、走进航空航天院校、航空航天职业体验、采访航空航天人、航空航天科普宣传等
历史与人文	神舟讲坛、相约星期三、航空航天英雄谱、太空探秘、航空航天文化解说、播种空天梦想等
材料与科学	文·化之恋、航空燃料与材料、太空植物水培种植、航空航天原理诠释、设计思维、航空航天 STEM 等
交通与通信	空间地图制作、太空机器人、"飞行进阶课程"之仪表与导航、"飞行进阶课程"之航线与飞行等
机械与模型	数学建模和航空航天、金工模型、木艺模型、航空航天模型结构探究、航天器大观等
航宇与飞行	模拟飞行驾驶、遥控飞行、无人机、火箭模型制作与发射、"飞行进阶课程"之飞行驾驶体验等

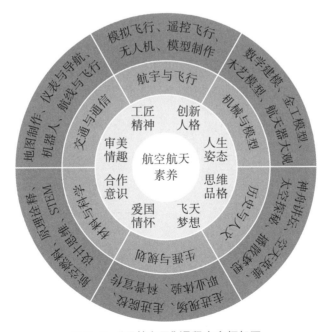

图 3-2　"逐梦空天"课程内容框架图

（二）结构框架

闵行三中将航空航天教育六大模块课程分成普适课程、团体课程、个体课程三个层级，满足全体、群体、个体发展需求，发展学生的基础性学力、发展性学力、创造性学力，为学生逐梦空天播种梦想，助力学生在不懈追求中放飞梦想，全面回应特色高中的育人目标，如图3-3所示。

普适课程是指面向全体学生的航空航天通识性教育的课程，包括基础型课程教学渗透航空航天教育，航空航天基础知识学习，探究生活中常见的航空航天现象及原理，走进现场、走进场馆、走进高校的一些探访、体验、实践活动课程。注重学生综合素养的培育，强调兴趣培养，为今后学习奠定基础，在学生心中播种空天梦想。

团体课程是指面向不同群体的拓展型选修课程。这类课程是在普适课程的基础上，针对有兴趣的学生进一步发展能力而设置的，为学生追逐梦想注入力量。

个体课程是指面向个体发展需求设计实施的特需课程。这类课程为那些在航空航天领域进行创意设计、创新研究、创造发明的学生提供个别指导，也为那些志在蓝天的学生放飞梦想提供个性化服务。

如何建构"校本特色课程"与"国家课程"的关系？闵行三中将航空航天校本特色课程与国家课程融为一体，分类渗透融合，分层发展能力，共同培育学生核心素养，实现造就"时代新人"的育人目标。特色普通高中一体化课程图谱如图3-4所示。

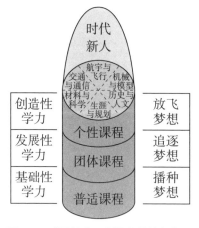

图3-3 "逐梦空天"课程结构框架图

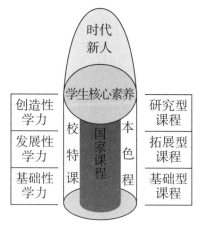

图3-4 特色普通高中一体化课程图谱

三、"逐梦空天"的实施策略

闵行三中航空航天教育六大模块的 30 多门课程按照年级进行设置，见表 3-7。

表 3-7   闵行三中"逐梦空天"特色课程设置表

课程群	类别	课程名称	周课时安排			说明
			高一	高二	高三	
普适课程	"学科+"	"基础学科＋航空航天"	/	/	/	1. "学科+"融入基础型课程教学； 2. "普适研究"纳入研究型课程，课时分散使用； 3. "普适实践"纳入拓展型课程，课时集中使用； 4. "普适知识"每学期安排 2 次，每次 2 课时； 5. "自主拓展"纳入学校拓展型课程，课时分散使用； 6. "创新实践研究"纳入研究型课程，课时集中使用
	普适研究	撒播翱翔空天的梦想、设计思维	2	/	/	
	普适实践	走进航空航天院校、航空航天职业体验、采访航空航天人、航空航天科普宣传、模拟飞行驾驶、航空航天科普宣传	2	2	2	
	普适知识	神舟讲坛	/	/	/	
团体课程	自主拓展	航空航天英雄谱、太空探秘、航天器大观、航空航天材料世界、太空植物水培种植、航空航天原理诠释、航空航天 STEM、空间地图制作、太空机器人、仪表与导航、航线与飞行、数学建模和航空航天、金工模型、木艺模型、航空航天模型结构探究、水火箭、火火箭、模拟飞行驾驶、遥控飞行、无人机	1	1	/	

（续表）

课程群	类别	课程名称	周课时安排			说明
			高一	高二	高三	
个体课程	创新实践研究	创意设计	1	2	2	
		创新研究				
		创造发明				

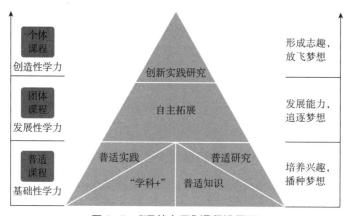

图3-5　"逐梦空天"课程设置图

闵行三中把"逐梦空天"课程融入学校三类课程的实施中。

（一）基础型课程"渗透融合"

学校全员、全学科实施"基础学科＋航空航天"，制定《关于基础学科整合航空航天教育的指导意见》，指导基础型课程教学从目标、内容、方法等维度渗透航空航天教育。目前，已梳理出375个基础型课程相关学科整合航空航天教育有效的、系列化的结合点。选择与航空航天教育密切相关的学科内容，设计综合性学习或综合实践活动。

关于基础学科整合航空航天教育的指导意见

上海市闵行第三中学（以下简称闵行三中）2016年被上海市教育委员会列为特色普通高中项目学校。特色普通高中的本质是基础教育的一个学段，要坚持面向全体学生，促进学生全面而有个性的发展。无论走什么样的特色发展之路，都要处理好"普"与"特"的关系，即"全面发展"与"个性发展"的关系。

闵行三中积极回应国家发展战略、时代发展主题、区域发展布局和学生发展需求，着力开展航空航天教育，培育学生"空天素养"。随着航空航天教育的不断深入，从最初的航空航天科普讲座、参观体验、设计制作、课题研究等拓展型、研究型课程领域逐步进入基础型课程领域。为了确保学生基本素质的形成和发展，体现国家对公民素质的最基本要求，规范基础型课程整合航空航天教育，特制定《关于基础学科整合航空航天教育的指导意见》(以下简称《指导意见》)。

一、基础学科整合航空航天教育的基本概念和意义

(一)基础学科整合航空航天教育的基本概念

基础学科是指基础型课程中语言文学、数学、社会科学、自然科学、技术、体育与健身、艺术、综合实践学习领域的 17 个学科，具体为语文、英语、数学、思想品德与思想政治、社会、历史、地理、科学、物理、化学、生命科学、劳动技术、信息科技、体育与健身、音乐、美术、艺术。

《指导意见》所指的基础学科整合航空航天教育特指在基础学科的教学目标、内容、方法中自然地融入航空航天教育元素，在相关基础学科的单元(章节)学习中设计并实施"基础学科＋航空航天"综合性学习或综合实践活动。

(二)基础学科整合航空航天教育的意义

1. 丰富目标内涵，厚实人文底蕴

航空航天精神是中华民族精神的重要组成部分，对人的精神成长具有重大意义。将航空航天精神的传扬作为"情感、态度、价值观"目标，渗透基础型课程教学目标，既能丰富课程教学目标内涵，又能培养学生亲近太空的飞天梦想、捍卫领空的爱国情怀、服务人类的宇宙胸怀、探秘空天的基础知识、解密宇宙的探究能力、创意创新的实践能力。

2. 追踪科技前沿，凸显时代特征

航空航天是高新技术密集的领域，是科技创新迭出的高地。基础型学科教学整合航空航天教育，既能促使教师关注科学、技术、工程前沿，促进本体知识生长，又能引领学生涉足更多已知和未知领域，凸显课程教学内容的时代特征。

3. 改善学习方式，培养创新能力

航空航天教育多采用 CDIO 工程教育的方法、PBL 学习方式，对改进传统的"授受式"课程教学方式有很强的借鉴价值。在基础型课程教学中，设计实施"综合性学习""综合实践活动"，引导学生以"问题"为主线进行自主合作与探究，对培养学生创新意识和实践能力大有裨益。

二、基础学科整合航空航天教育的内容与要求

（一）目标整合

1."知识与技能"的整合

航空航天的知识技能源于所有基础学科，基础学科教学要找准与航空航天教育的契合点。

2."过程与方法"的整合

航空航天教育注重实践、体验、感悟、合作、交流、分享等，基础学科教学也不能"一言堂""满堂灌"，要相互借鉴，有效整合。

3."情感、态度、价值观"的整合

航空航天精神博大精深，应整合进基础学科课程教学目标中，包括：（1）"自力更生、艰苦奋斗、大力协同、无私奉献、严谨务实、勇于攀登"的航天精神；（2）"特别能吃苦、特别能战斗、特别能攻关、特别能奉献"的载人航天精神；（3）"热爱祖国、无私奉献、自力更生、艰苦奋斗、大力协同，勇于登攀"的"两弹一星"精神；（4）"专注坚持、严谨敬业、精益求精、追求卓越"的工匠精神。

（二）内容整合

借用航空航天史（如中外航空航天人、中外航空航天史、中外航空航天发展历程）、航空航天知识（如航空航天器、航空航天原理）和航空航天工程（如物理、化学和劳技学科）等，渗透和整合航空航天教育内容的基础学科教学：（1）创设教育情境；（2）延展学科内容；（3）编制例题习题；（4）适时画龙点睛。选取基础型课程中与航空航天教育关联性强的单元、章节，设计综合性学习或综合实践活动方案。

整合航天人文教育，培养全体学生的航空航天精神；整合航天科技教育，拓展学生的航空航天知识；整合航天工程教育，培养学生的研究意识、创新精神和

实践能力，全面提升学生的工程素养。

（三）方法整合

航空航天教育遵循"构思—设计—实施—运作"的循环程序，常采用问题式、项目式、头脑风暴式的教育方法。基础型课程教学运用工程教育思想，借鉴工程教育方法，有助于优化闵行三中学生的学习方式，为闵行三中"尊重学堂"建设提供滋养，从而丰富"尊重个体、尊重同伴、尊重知识、尊重禀赋"的"尊重学堂"理念，促进学生"始于自我、融于团队、基于问题、重于差异"，打下"自主、合作、探究、适性"的课堂底色，形成"面向全体、层次分明、梯度设计"的基础型课程实施模式。

三、基础学科整合航空航天教育的实施建议

（一）制定规范，加强指导

制定《指导意见》，厘清基础学科整合航空航天教育的概念、意义、内容和要求，通过层层培训，使全体教师领会其精神实质，用意见指导实践操作。

（二）实践引领，循序渐进

各学科组筛选出各学科与航空航天教育密切相关的内容，进行有效整合：一是渗透基础学科教学目标；二是用于基础学科教学的情境设计、内容拓展、例题习题编制；三是设计"综合性学习"或"综合实践活动"方案。学科组开发出典型案例，以"案"说"法"，触类旁通，举一反三，引导全体教师循序渐进地实施基础学科整合航空航天教育。

（三）研训结合，评价改进

各学科将基础学科整合航空航天教育作为研训重点，从教学设计、方案设计、观课研讨、校本培训等环节狠抓落实。发现薄弱环节和突出问题，及时改进。评出优质课和优秀案例，给予表彰奖励。

上海市闵行第三中学

2018 年 8 月 26 日

（二）拓展型课程"嵌入糅合"

闵行三中每学年将多门航空航天学科类拓展型课程混合编入学校拓展型课

程菜单中,供学生选修;将活动类拓展型课程纳入每学年 2 周的"社区服务社会实践"总课时中实施,不额外增加课时,不加重学生负担。

表 3-8　闵行三中 2018 学年航空航天类自主拓展课程一览表

模块	课程名称	课时 / 学年	年级	教师
生涯与规划	"飞行进阶课程"之生涯与规划	8	高一	郭少虎
	走进发射现场	4	高一、高二、高三	科技指导
	走进航空航天院校	4	高一、高二、高三	班主任
	航空航天职业体验	4	高一、高二、高三	班主任
	采访航空航天人	4	高一、高二、高三	班主任
	航空航天科普宣传	4	高一、高二、高三	班主任
历史与人文	神舟讲坛	4	高一、高二、高三	科技指导
	航空航天英雄谱	28	高一、高二	许寅
	太空探秘	28	高一、高二	刘辉
	航空航天文化解说	28	高一、高二	孙睿
材料与科学	文·化之恋	28	高一、高二	高春妹
	航空燃料与材料	28	高一、高二	赵泉波
	太空植物水培种植	28	高一、高二	杨丽英
	植物的组织培养	28	高一、高二	张红梅
	航空航天原理诠释	28	高一、高二	赵水平
	航空航天 STEM	28	高一、高二	孙晔
交通与通信	空间地图制作	28	高一、高二	黄静
	太空机器人	28	高一、高二	徐庆
	"飞行进阶课程"之仪表与导航	10	高一	郭少虎
	"飞行进阶课程"之航线与飞行	10	高一	郭少虎

（续表）

模块	课程名称	课时/学年	年级	教师
机械与模型	数学建模和航空航天	28	高一、高二	王义友
	航空航天模型结构探究	28	高一、高二	胡陈红
	航天器大观	28	高一、高二	鲍云峰
航宇与飞行	模拟飞行驾驶	28	高一、高二	蒋建龙
	遥控飞行	28	高一、高二	孙晔
	无人机	28	高一、高二	王继军
	火箭模型制作与发射	28	高一、高二	侯明伟
	"飞行进阶课程"之飞行驾驶体验	4	高一、高二、高三	科技指导

（三）研究型课程"整散结合"

高一年级：每周 1 节普适研究课"撒播翱翔空天的梦想"、1 节研究指导课。研究指导课上、下学期不同：上学期开设"课题研究的基本方法与路径"，完成选题；下学期开设"设计思维"，教会使用工具，制定课题研究方案。

"撒播翱翔空天的梦想"课程简介

本课程是我校"逐梦空天"特色课程群中的一门。课程性质属于面向高一全体学生的通识课程。

一、课程目标

1. 拓展学生的航空航天知识。

2. 培养学生的研究意识和动手实践能力。

3. 在学生心中撒播向往航空航天的梦想，引导学生确立航空航天强国的志向。

二、课程内容

课程分上、下两学期：上学期以航天内容为主，总计 16 课时；下学期以航空内容为主，总计 16 课时。

"撒播翱翔空天的梦想"课程目录

序号	上学期	序号	下学期
1	令人神往的璀璨星空	1	中国古代飞翔的发明和创造
2	东方红在太空中唱响	2	抗美援朝的中国空军
3	中国防空的迭代更新	3	进入高速飞行时代
4	中国空间站的建造历程	4	自主之路——中国航电工业
5	寻找人类下一个家园	5	动力之源——航空发动机发展
6	宇航员的太空生活	6	共和国的飞行预警指挥中心
7	宇航员是如何炼成的	7	空军英雄王伟对空军发展的启示
8	如何实现"天地往返"	8	八面灵通的直升机
9	人类早期的飞天梦想	9	海航力量——百年航母梦
10	中国航天之父的卓著功勋	10	天之骄子——空军飞行员
11	从广德、酒泉、太原、西昌到文昌	11	华夏天空中璀璨的英雄试飞员
12	浩瀚太空的中国行迹	12	国产大型运输机
13	航天英雄的特殊装备	13	壮志凌云——中国无人机
14	太空中的通信密码	14	大国利器——中国隐身战机研发
15	到月球背面去看一看	15	中国航空客运发展历程
16	太空城市的设计初探	16	展望未来的航空航天

三、课程结构

遵循研究课的特点，以课堂为中心点，向两头延展。每一课按照"课前—课中—课后"来设计任务。

课前：问题呈现—核心概念—历史溯源—留言板。

课中：课堂任务—定义问题—设计方案—模型制作—模型验证—评价反馈。

课后：科学视野—自习室—探索者。

四、教学方式

1. 该课程采取同一时间排课，多名教师每周轮流走进各班教室进行走班教学。

2. 该课程的定位决定了任课教师在教学定位上要体现出三个层次的教学目标：对于那些对航空航天没有太大兴趣的学生，让他们掌握一些基本的、通识性的航空航天知识即可；对于那些对航空航天有较强兴趣的学生，可以在教学内容上进行一定的拓展；对于少数把航空航天作为未来初步职业理想的学生，引导其在掌握基本的航空航天知识的基础上进行深入探究，全面提升个人的空天素养。

五、评价方式

该课程以表现性评价为主，注重学生的学习态度和参与度的考核。

（闵行三中教师　刘辉）

高二、高三年级：小组合作，开展课题研究；对于其中有研究价值的课题和有研究潜质的学生，配以校内导师，辅以校外专家，指导他们进行创意设计、创新研究、创造发明。

四、"逐梦空天"课程管理与评价

（一）"逐梦空天"课程管理

1. 价值引领

闵行三中以"尊重教育"理念引领课程发展。学校倡导尊重每一个学生的自然禀赋，开发满足不同兴趣爱好、个性特长学生发展的课程；学校倡导尊重每一个学生的主体地位，放手让学生学会选择课程，选择发展方向；学校倡导尊重每一个学生的主体作用，引导教师认识到学生自身也是宝贵的课程资源；学校倡导尊重每一个学生的认知基础，引导教师设计不同层级的课程；学校倡导尊重每一个学生的认知规律，引导教师注重课程群的单科课程之间及课程内部的内在逻辑。"尊重教育"的价值观引领学校在课程开发、实施、管理和评价等环节树立学生立场，坚守"以学生发展为本"的课程理念。

2. 组织带领

学校成立了以校长为组长，以课程教学管理干部、教研组组长、航空航天教育特色教师为骨干，以课程教学专家为指导的航空航天课程建设领导组，领导组下设特色课程建设小组、学科融合课程建设小组、场馆课程建设小组，统筹航空航天教育课程发展。学校还组建学术委员会，对课程教学实施效果进行评估。除此之外，学校以科研为引领，借助科研手段开展课程建设的理论和实践研究。

3. 制度统领

学校制定了比较完备的课程管理制度，包括《关于基础学科整合航空航天教育的指导意见》《拓展型课程实施纲要》《研究型课程实施纲要》《特色课程年度汇报制度》《特色课程认证制度》等，为航空航天教育课程持续发展提供制度保障。

特色课程年度汇报制度

为了进一步加强学校特色课程建设，提高课程品质，培养一支师德高尚、素质全面、理念科学、具有开拓创新精神和课程开发能力的特色教师队伍，特制定《特色课程年度汇报制度》。

一、领导小组

成立以校长为组长、以课程教学管理干部为骨干、以学术委员会成员为组员的领导小组。

二、汇报要点

1. 课程介绍，包括课程目标、内容、实施、评价和设计思考等。

2. 课程实施汇报，包括教学内容、教学方法、教学手段和教学效果等。

课程评价指标

一级指标	二级指标
课程介绍（15）	课程设计理念、目标、内容、评价和确立的依据
教学内容（20）	教学内容新颖，建立线上线下资源，放眼未来发展；教学内容组织与安排做到理论联系实际，融知识传授、能力培养、素质提升为一体，课堂教学与课后作业相结合，体现教书育人；对于实践教学，实验室完全开放，供学生选择，课程开发率和场馆使用率高，能开出综合性实验、设计性实验等

（续表）

一级指标	二级指标
教学方法（15）	能把握教学重点和难点，讲练结合，理论联系实际，善于提出问题、设计问题，引发思考，提高学生学习的积极性，激发学生的潜能
教学手段（15）	采用多媒体课件，制作多媒体辅助教学、微视频、网络学习方面的课件，让学生在做中学，完成项目式学习
教学效果（35）	包括同行评价，学生互评、自评，能力证明（参加学校"六节两会"、校外各项竞赛、科技夏令营等的具体成果）

3. 采用查阅资料和现场汇报相结合的方式，全面了解课程建设和课程实施情况。注重资料的完整性、学生对课程实施的满意度、资料与汇报的一致性。

三、相关说明

1. 本制度和特色课程认证制度一体化实施，"课程认证制度"把住入口关，"课程汇报制度"把好出口关。

2. 通过汇报，评出"优质课程""精品课程""优秀特色教师"，予以奖励。比如：对于"优质课程"，学校出资编印校本课程读本；对于"精品课程"，学校请课程专家指导，推荐到市、区级平台，发挥更大辐射功能；对于"优秀特色教师"，在评先选优中优先推荐。

3. 本制度从 2019 年 9 月开始实施，每年度举行一次。

上海市闵行第三中学

2019 年 8 月

特色课程认证制度

为了加强对特色课程的管理，引导教师开发出高品质、高选择的特色课程，促进学生全面而有个性的发展，特制定《特色课程认证制度》。

一、认证小组

成立以校长领衔、以课程教学管理干部为骨干、以学术委员会成员为组员的特色课程认证小组。

二、认证标准

闵行三中特色课程认证标准

认证指标		指标要点
课程目标	体现办学理念	体现学校"尊重禀赋，开启潜能"的教育理念，服务于"尚德、立志、启慧、砺行"的育人目标
	符合学校实际	与三类课程匹配，切合学校特色培育方向；符合学生需求，丰富学生选择
课程内容	知识性与教育性	课程具有个性化、有价值的知识和知识体系
	科学性与趣味性	课程体系科学合理，组织有序，符合学生认知规律；内容呈现生动活泼，通俗易懂，趣味性强
	理论性与实践性	课程内容既有基本知识、基本理论的学习，又有动口动手动脑的实践；实例清晰，做法明了，可操作性强
	创新性与实效性	与其他同类相比具有创新性，体现学校特色
课程实施	实施方案明确	有明确的课程实施方案，包括实施方法、组织形式、课时安排（具体时间）、实施条件（场地、设备）、班级规模等
	教学计划落实	教学安排周到，实施有效；有完整的教学安排和教学要求，教学总时数不少于16课时，有利于学生自主学习
	教学过程扎实	注重课程品质，关注学习过程；课程目标细化成教学目标，针对性、层次性、可操作性强，教师备课认真，资料积累完整
	方法手段多样	教学形式多样，教学方法得当，教学设计合理；注重现代教育技术的应用
课程评价	评价方案完整	有完整的与课程相匹配的课程评价方案，包括评价对象、评价内容、评价主体、评价方式和结果表达
	评价指向明确	评价关注课程目标达成度，关注学生实践能力和创新思维的培养，重视学习过程，强调实践性、体验性
	评价方式适切	评价方法与所开设的课程特点相适应，体现三类课程不同的学习特点，关注评价的参与性、过程性、激励性
	注重资料积累	有完整的反映课程目标、内容、实施、评价的资料，师生对课程的总体评价较高，多数学生愿意向其他同学推荐此课程

三、认证依据

本制度的认证依据是校本课程建设的相关文件、国家和上海市课程方案等，确保课程的科学性和严肃性。

四、认证流程

1. 每学年结束，个人或课程开发团队提出课程认证申请。

2. 申请的同时，提交该课程方案，包括目标、内容、实施、评价，并附一单元或一章节的教学设计。

3. 课程认证小组组织校内相关人员并邀请专家按照上述认证指标对课程进行严格评审。达到 80 分及以上的，批准纳入新学年课程实施范畴。

4. 一个周期（一学期或一学年）结束，对课程实施效果进行评估。受到学生喜爱的课程，持续完善，继续开设；学生满意度不高、提出意见建议的课程，经修改后重新提交认证。

上海市闵行第三中学

2019 年 8 月 26 日

4. 课题挈领

自 2014 年"航天课程开启学生发展的无限可能"教学改革成果获得上海市基础教育一等奖之后，闵行三中每年都有市、区级研究课题，如"信息技术背景下的航空航天课程开发与实施研究""基于航天文化特色的航空航天创新实验室建设研究""个性化教育背景下的校本课程图谱开发与应用研究""'尊重教育'理念下的课堂教学改进策略研究""'尊重教育'价值观下的学生生涯发展指导策略研究"等，聚焦特色教育理念、课程、课堂和学习空间建设。学校不断发掘研究价值，拓宽研究视野，扩大研究参与面，推广成果应用，推动特色教育科学发展。

（二）"逐梦空天"课程评价

"逐梦空天"课程评价关注学生学习的过程和结果，全面评价学生在"空天素养"方面的表现。对"逐梦空天"课程进行全面总结、分析、评估，不断优化、培育精品课程。为此，学校制定了《闵行三中"逐梦空天"课程评价方案》《"航空航天文化"参观体验记录表》《拓展型课程评价表》《研究型课程实施记录表》

《闵行三中"尊重学堂"观察表》《闵行三中学生评教表》《闵行三中学生"空天素养"发展评价表》等，作为课程评价工具，以评促建，不断提高课程开发和实施的品质。学业评价多元且实现了全覆盖，评价标准客观且体现特色要求。

闵行三中"逐梦空天"课程评价方案

课程评价是课程的基本组成部分，在课程体系中起着重要的激励导向和质量监控作用。为了促进"逐梦空天"课程实施的规范化、常态化，提高特色课程品质，培育学生的"空天素养"，提升教师的专业能力，形成学校特色文化，特制定《闵行三中"逐梦空天"课程评价方案》。

一、评价原则

1. 目标导向原则。"逐梦空天"课程旨在培养"捍卫领空的爱国情怀、亲近太空的飞天梦想、独立思考的思维品格、团队协作的合作意识、刚健有为的人生姿态、文明高雅的审美情趣、精益求精的工匠精神、勇于探索的创新人格"的空天素养，要围绕这一核心目标，实现"教—学—评"一致的教学。

2. 可操作性原则。评价指标具体、明晰，可描述，可测量。

3. 注重效度原则。注重"逐梦空天"课程在促进学生发展、教师发展和学校发展中的效率、效果和效益，注重课程教学在改善教育教学环境、积淀学校文化中的作用。

二、评价方法

1. "逐梦空天"课程评价采取专家、领导、同行、学生、家长共同参与的评价方式，重点对基础型课程整合航空航天教育案例、拓展型课程方案（课程名称、课程目标、课程资源、课程评价、实施效果）、研究型课程中学生的研究课题（选题价值、研究过程、研究报告）进行评价。

2. 建立课程评价的信息化平台，通过问卷调查、网上申报等渠道，获得评价数据，为改进课程教学提供实证。

3. 课程教学部每学期对学科组的课程建设进行评价，评价结果作为学科组及学科组组长考核的重要参数。

闵行三中"逐梦空天"课程评价量表

类型	项目	具体指标	分值	得分
基础型课程（20）	整合航空航天教育	从目标、内容、方法等维度渗透航空航天教育	10	
		融合了航空航天教育的学科单元综合性学习或综合实践活动设计	10	
拓展型课程（60）	课程方案的评价	课程价值与意义阐释透彻	5	
		课程目标清晰指向"空天素养"培育	5	
		课程内容科学，有助于培养学生的社会责任感、创新精神和实践能力	10	
	课程实施的评价	有周密的课程实施计划	5	
		有符合学生实际、内容开放、容量适度、层次分明的教学设计	5	
		能灵活运用多种教学方法，且教学效果好	5	
		能熟练运用现代教育技术，呈现形式新颖多样	5	
		能在课程管理平台完整呈现教学资源，拓展学生的学习时空	5	
		能及时收集、整理学生的学习过程材料，指导学生进行课程学习成果展示	5	
		能激发并维持学生对该课程的学习兴趣，学生评价良好	10	
研究型课程（20）	学生研究方法指导	学生熟知课题研究的规范流程与一般方法，确定选题，并形成课程研究方案	10	
	学生课题研究指导	学生"真研究"，有"真体悟""真报告"	10	

上海市闵行第三中学

2019 年 3 月 1 日

闵行三中学生"空天素养"发展评价表

评价项目		面向群体	评价内容	学分	评价结果
基础评价	认知	全体初中生	至少听 6 课时航空航天讲座,熟练介绍 6 处校内航空航天文化	0.6	修满 3.2 分,颁发"苏烨青少年科学院"学士证书
		全体高中生	至少听 8 课时航空航天讲座,熟练介绍 8 处校内航空航天文化	0.8	
	体验	全体初中生	校内体验航空航天模拟设备不少于 2 次,校外参观航空航天展示馆不少于 2 次	0.4	
		全体高中生	校内体验航空航天模拟设备不少于 2 次,校外参观航空航天展示馆不少于 2 次	0.4	
	实践	全体初中生	参加 1 个航空航天社团或采访 1 位航空航天工作者,参加校内航空航天科技活动不少于 12 课时	2.2	
		全体高中生	参加 1 个航空航天社团或采访 1 位航空航天工作者,参加校内航空航天科技活动不少于 10 课时	2.0	
发展评价	认知	部分初中生	进行基础评价,参加 1 门航空航天拓展课	2	修满 3.8 分,颁发"苏烨青少年科学院"硕士证书
		部分高中生	进行基础评价,参加 1 门航空航天拓展课	2	
	体验	部分初中生	至少完成 1 件航空航天作品或至少完成 16 学时航空航天志愿者活动	0.8	
		部分高中生	至少完成 2 件航空航天作品或至少完成 16 学时航空航天志愿者活动	0.8	
	实践	部分初中生	至少参加 1 次校内航空航天比赛,以及 1 次区级及以上航空航天比赛	1	
		部分高中生	至少参加 1 次校内航空航天比赛,以及 1 次区级及以上航空航天比赛	1	

（续表）

评价项目		面向群体	评价内容	学分	评价结果
提高评价	认知	少数初中生	至少读 1 本航空航天书籍，并撰写 800 字以上心得	1	修满 3.0 分，颁发"苏烨青少年科学院"博士证书
		少数高中生	至少读过 1 本航空航天书籍，并撰写 1000 字以上心得	1	
	体验	少数初中生	成为 1 次以上航空航天科技活动主要组织者	1	
		少数高中生	成为 2 次以上航空航天科技活动主要组织者	1	
	实践	少数初中生	完成 1 篇航空航天探究性课题结题报告（研学旅行报告）	1	
		少数高中生	完成 1 篇航空航天研究性学习报告（研学旅行报告）	1	

（闵行三中教师　刘辉　王全忠）

第四章

领航：一类课堂与一群教师

有一类课堂叫"尊重学堂"。因在学习场域中尊重个体、尊重同伴、尊重知识、尊重禀赋，而倡导自主学习、合作学习、探究学习、适性学习。因在教学语境中尊重学科特点、课型特征，而形成不同范式。因在学校风格上尊重特色取向，而凸显航空航天教育特质。

有一群教师叫"领航导师"。他们将航空航天教育融入课程教学，从价值观念、必备品格和关键能力等方面引领学生成长、成才、成人。他们以潜心修炼的航空航天教育素养来提升学生的"空天素养"。

这样一群"领航导师"在学堂中积蓄力量，引导莘莘学子飞向诗和远方。

第一节 有一类课堂叫"尊重学堂"

2016 年初，我从七宝中学调入闵行三中，此时正值闵行区第一轮课堂教学改进工作总结、第二轮课堂教学改进工作谋划启动阶段。为了做好第二轮课堂教学改进工作方案，学校经过反复研讨，决定从更新教学理念入手，改进课堂教学。基于闵行三中的教育文化，提出以建设"尊重课堂"作为课堂教学改进的抓手。

有一天，我去闵行区一所学校参加会议，该校大门上方有一条醒目的横幅"××学校第×届'尊重课堂'教学展示周"。我既欣喜又失落，欣喜的是，"尊重课堂"这一理念还是能被人接受的；失落的是，我们还没有付诸实施，已经被别人"注册"了。回到学校，我立即将方案中的"尊重课堂"改为"尊重学堂"。仔细一琢磨，这一字之变体现了课堂教学本质的回归：尊重学生的主体地位、主体作用、知识基础、认知规律、个性特点、认知规律，尊重知识的内在逻辑……从此，拉开了"尊重学堂"建设的序幕。

一、"尊重学堂"的基本理念

（一）"尊重学堂"的提出

2012 年底，闵行区启动中小学课堂教学改进三年行动计划（2013—2015年）。闵行三中在第一轮课堂教学改进中，形成了"三步六环节"教学模式，如表4-1 所示。

表 4-1 "三步六环节"教学模式

三步六环节			操作过程	操作细则
第一步	预习	第一环节	教师提出课前学习目标	教师下发预习案（导学案）
		第二环节	学生初步感知理解教材，完成基础知识作业，发现与记录问题	学生课前完成，教师课前浏览
第二步	精讲	第三环节	创设情境，问题引导，兴趣为主	根据学生预习案（导学案）中发现的问题，导引教学过程（学生提问，教师导引）
		第四环节	师生互动，合作学习，引导探究	构建探究式课堂，展现活的课堂。教师运用各种手段激活学生，充分体现学生主体作用
第三步	精练	第五环节	当堂检测目标达成度	学生当堂完成检测
		第六环节	及时矫正并反馈补标	教师及时讲评，及时补缺

　　首先对"三步六环节"课堂教学实践进行全面反思和总结。大家认为，"三步六环节"教学模式对改进教学起到了很好的促进作用。第一，教师的目标意识增强了。教学活动从明确教学目标出发，教学过程指向并服务于目标，教学评价回归教学目标。第二，教师的教学流程得以规范。以课堂教学为中心，课前预习强化学生有效自主学习，课后注重检测补标，课中强调情境创设、师生互动，培养学生的高阶思维。教师自觉编制预习案（导学案）是这一轮教学改进最重要的实践成果。第三，教师的教学策略得以优化，形成了以问题为主线、以评价为手段、以任务驱动为路径的教学策略。第四，确立了以学生的学为中心的教学思想，优化了"自主、合作、探究、适应"相结合的学习方式，增强了学生提出问题、分析问题、解决问题的意识和能力。但是，"三步六环节"尚停留在显性的教学流程塑造上，没有根植于学校教育文化，在落实立德树人根本任务上有些弱化。

于是，我带领教学团队大面积深入课堂听课。听课中，我身边的教研组组长们看到我在听课记录本上画"正"字，很好奇。听了一段时间的课下来，在跟大家作集中反馈时，我透了底——听课本上的"正"字是用来计数的，记录我在课堂上观察到有多少学生被提问（答问）或主动提问。遗憾的是我听了几十节课，只有 20% 左右的课中参与课堂活动的学生超过半数，最少的一节课只有两个学生参与了课堂活动，这对我触动很大。于是，我提出第二轮课堂教学改进的重点为进一步解放思想，将课堂还给学生。我们一起重温闵行三中的教育文化：校训"行有规，思无疆"训导我们尊重规则与创造，核心教育理念"尊重禀赋，开启潜能"指导我们尊重教育规律，育人目标"尚德、立志、启慧、砺行"引导我们尊重人的发展规律，因此，我们的课堂教学要弘扬以"尊重"为核心价值的教育文化。

学校教育的根本使命是立德树人。把学生培养成身心健康、人格健全的人，要求教师不仅要眼中有人，还要心中有人，平等、真诚地看待对待每一个学生，不以学生习惯、学业成绩、家庭地位好坏或高下区别对待学生。真诚地尊重每一个学生的人格，不体罚、变相体罚学生，更不在言语上伤害学生。走进学生的生活世界和心灵世界，读懂学生；理解学生，包容学生一时犯下的错。护短容长，是教师应有的胸怀。学会欣赏学生，发现每一个学生值得欣赏的地方，及时、不加吝惜地表扬鼓励。善于引导学生，给学生心理、习惯、学业发展提供切实有用的指导，让每一个学生每天都有向上的力量。

课堂教学是学生在校学习生活的主阵地和主渠道，要提高课堂教学效益，首先要解决好"教与学""师与生"的关系。因此，在闵行区第二轮课堂教学改进工作中，以"尊重"为价值引领，从根本上扭转教师"一言堂""满堂灌"的沉疴痼疾，"尊重学堂"就这样成了新一轮课堂教学改进的关键词。

（二）"尊重学堂"的基本理念

"尊重学堂"倡导尊重个体、尊重同伴、尊重知识、尊重禀赋，以学生的学为中心，以改善学习方式为手段，以发展学科核心素养为任务，以培育学生核心素养为目标。引导学习"始于自我、融于团队、基于问题、重于差异"，从而实现"自主学习、合作学习、探究学习、适性学习"，从根本上改善教与学的方式。

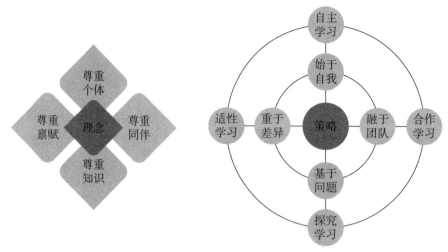

图 4-1 "尊重学堂"的基本理念和策略

"尊重学堂"通过前测,精准找到教学起点;导入新课,创设贴近生活、贴近学生经历的教学情境,引发学生思考;运用多种评价方式获取教学目标达成信息,帮助学生拾遗补缺,感受学习内容和学习活动的价值,保持学习热情和动力不减。

二、"尊重学堂"的空天特质

闵行三中致力于培养德智体美劳全面发展、"空天素养"突出、能适应未来需要、创造美好生活的时代新人。课堂是主渠道,自然承载着培养这样的时代新人的重任。"空天素养"突出是所有学科共同的使命和任务,这就是闵行三中"尊重学堂"的特质。

"尊重学堂"有三个一级评价指标,指标一的四个"尊重"主要指向课堂中学生"学"和教师"教"的行为,指标二指向学科教学模式,指标三指向"空天素养"培育。如果把"尊重学堂"比作一道名贵的特色菜肴,指标一就是食材,指标二就是烹饪流程和工艺,指标三就是独特的辅料。比如,做一盘鱼,不同的鱼就相当于不同的学科,不同的做法就相当于不同学科的教学模式,闵行三中特殊的辅料就是航空航天题材。

辅料不同于佐料。佐料是调味品,是用来改变色(赤、橙、黄、绿、青、蓝、紫等）、香（甜香、辛香、薄荷香、果香等）、味（酸、甜、苦、咸、鲜等）的，从而变得赏心悦目，增加食欲。辅料是食材的一部分，是可以吃下去并转化为营养的。

为什么说航空航天题材是辅料而不是佐料？因为航空航天题材是用来培养"空天素养"的，"空天素养"是学生核心素养的重要组成部分。"捍卫领空的爱国情怀、亲近太空的飞天梦想、独立思考的思维品格、团队协作的合作意识、刚健有为的人生姿态、文明高雅的审美情趣、精益求精的工匠精神、勇于探索的创新人格"的"空天素养"和中国学生核心素养都以培养"全面发展的人"为核心，指向文化基础、自主发展、社会参与三方面，综合表现为人文底蕴、科学精神、学会学习、健康生活、责任担当、实践创新六大素养。

下面，以闵行三中第三届"空天杯""尊重学堂"大奖赛的参赛课为例，来管窥闵行三中"尊重学堂"的空天特质。

表 4-2　闵行三中第三届"空天杯""尊重学堂"大奖赛参赛课实例

执教者	学科	课题	航空航天题材	意图	融合方式
王超楠	化学	氧化还原反应	火箭发射视频	思考航天活动与氧化还原反应的关系	新课导入
			氧化还原反应在航空航天和生产生活中的应用	巩固概念，学以致用	创设情境，设计作业
孟霞	数学	对数函数图像与性质	火箭速度的计算公式（齐奥尔科夫斯基公式）	理解学习对数函数的价值和意义	用作例题，课中拓展
李帆	体育	乒乓球：正手平击发球	航天员太空练习乒乓球	激发练习乒乓球的热情	课中拓展
张苇	政治	创新发展	无人机创意编组飞行	激发创意灵感	课中拓展
			课后制作航空航天主题黑板报、手抄报	感悟科技创新的成就和力量	设计作业
柯方萍	语文	江城子·乙卯正月二十日夜记梦	海空卫士王伟铁骨柔情的"绝情信"	升华情感，激荡爱国热情	总结升华

（续表）

执教者	学科	课题	航空航天题材	意图	融合方式
姜雪芹	英语	Murder in West Town	闵行三中"空天素养"目标	总结本节课的学习收获	总结升华
尹凤丽	语文	北京的地坛	被西方层层封锁的我国航天事业，仍然成就了如今的灿烂辉煌	涅槃重生，破茧成蝶	总结升华
吴天雯	英语	The Good, the Bad, and the Really Ugly	"碳观测卫星与我们的生活"太空授课，进行天地连线	培育生态环境素养	总结升华
朱学玲	历史	辽宋夏金元的文化	郭守敬制作简仪的精湛与不易	创新思维与创新方法培养	总结升华
柯月吟	语文	登泰山记	我国航天事业从无到有、从弱到强的发展史	体悟勇于攀登、敢于超越的精神	总结升华
韩凤鸣	数学	指数函数定义与图像	叠纸到月球	引出问题，启发思考	导入新课

下面，以柯方萍老师的《江城子·乙卯正月二十日夜记梦》一课的教学片段为例，具体分析"尊重学堂"的空天特质。

【教学片段】

师：在词的下片中，我们再一次感受到了词人的哀情，我相信同学们现在一定能读出苏子的那片深情。请大家抬起头来，我们再次把整首词有感情地诵读一遍。

生：齐诵读（对比之前，情感把握上有很大进步）。

师：很好，千百年来无数读者都被这首词深深打动。通过大家的诵读，我相信它也深深地打动了我们。我想问大家一个问题：这首词能引起无数读者强烈共鸣的根本原因在于什么？

生1：感人。

生2：真实。

……

师：一个字！

生：情（低声回答）。

师：声音高一点（生大声重复：情）。

师：很好！同学们，就是情啊！（教师转身用红笔重点圈画出板书中的"情"字）这首词写实情深、记梦亦深，读之催人泪下。千百年来，无数读者都毫不吝啬地将"绝唱"一词赋予了《江城子·乙卯正月二十日夜记梦》。然而时光流转千年，今天依旧有人在诉说着人世间最值得感念的深情，比如，发到大家手中的海空卫士王伟写给妻子的"绝情信"。

师：播放视频资料《祖国不会忘记（八）：20年前海空卫士王伟写给妻子的一封信》。

生：结合课前下发的文字资料观看视频。

2021年4月1日，是海空卫士王伟牺牲20周年纪念日。2001年4月1日这一天，王伟驾驶的战机在南海上空拦截入侵的美军EP-3侦察机时，被美军侦察机撞毁，不幸遇难。"我已无法返航，你们继续前进"是王伟烈士留给我们的最后一句话，他带着对祖国的忠诚和热爱、对家人的思念和歉疚，结束了自己的最后一次飞行。

20年后，王伟烈士的一封"绝情信"再次刷爆网络。中国军视网于4月1日通过社交媒体平台，发布了一段王伟烈士遗孀阮国琴的采访视频。她拿出了当年王伟留给她的一封"绝情信"。在这封信中，王伟烈士坦言"要当他已经死了"，还画下了自己的坟墓。阮国琴说，王伟给她画了自己的墓碑，告诉她"她爱的人是国家的"。但是，王伟烈士也写过一首歌——《思念》，表达对家人的思念。他不仅是解放军的一名飞行员，还是一个丈夫、一个父亲。

师：（视频播放结束，学生沉浸在视频的感动之中）同学们，问世间情为何物……（教师放慢拖长声音，给学生思考的时间）

生：（齐）直教人生死相许。

师：没错，我想这也是对今天这堂课最深沉的诠释。同样都是对妻子的深情，海空卫士王伟铁骨柔情的"绝情信"与苏轼感人肺腑的"悼亡词"背后的情感有哪些异同？我想听听大家的看法。

生1：我觉得苏轼对妻子的情感是一种无言的、激烈的悲伤，岁月的沧桑与仕途的失意加重了他对妻子的怀念；海空卫士王伟则是在自己梦想实现之后迫切想要跟妻子分享。两者虽然过程不一样，但结果都落脚在深情。

生2：海空卫士王伟是直抒自己对妻子的爱意，比如，写给妻子信件中的最后一句"琴琴，爱你直到永远永远"，而苏轼在《江城子·乙卯正月二十日夜记梦》中，没有一个字说道妻子我有多爱你，但是整篇文章都反映了他对妻子的深情。

……

师：同学们说得都很好。我想问大家：王伟是在什么情况下写的这封信？

生：在刚刚完成高难度的高空飞行动作。

师：没错，再结合课前发的拓展资料，大家想想他又是如何牺牲的。

生：在南海上空拦截入侵的美军EP-3侦察机时，被美军侦察机撞毁，不幸遇难。

师：对，所以说他对妻子深情的背后还有着什么？

生：爱国。

师：我听到有同学说爱国，没错，其实就是一种……（放慢声音让学生思考）

生：家国情怀。

师：很好。如果说是岁月的沧桑、落拓的身世，加深了苏轼对亡妻深刻的思念，才有了这感人肺腑的"悼亡词"，那么对妻子的深情则是王伟烈士捍卫祖国领空的坚实力量，才有了这铁骨柔情的"绝情信"，两者都贵在"以情动人"。因此，大家今后也要学会发现并珍惜生活中宝贵的情感，并以此为人生的力量，从而抵达人生的梦想。

《江城子·乙卯正月二十日夜记梦》是宋代大文学家苏轼为悼念亡妻王弗而写的一首悼亡词，情意缠绵，字字血泪，表现了绵绵不尽的哀伤和思念。如何将航空航天题材融入这堂课的教学对刚入职的年轻教师来说的确是一大挑战。

柯方萍老师最终在"写给妻子的信"上找到了连接点，选择将海空卫士王伟写给妻子的"绝情信"作为拓展阅读材料。两者皆为写给妻子的信，且都以真挚的情感打动人心，但两者又有着一定的差异性。共通性使得两者能自然融合却不生硬，而差异性使得文本思想深度在原有的基础上有了很大提升。两者的融合既实现了历史与当下的对望，也体现了个人情感与家国情怀的碰撞，由此让学生入情入境，以情生情，既有情感体验，也有精神启迪，启发学生不仅要学会发现并珍惜生活中宝贵的情感，还要以之为人生的力量，来抵御生活的苦难，抵达人生的理想。

"感人心者，莫先乎情。"苏轼的悼亡词情感真挚，感人肺腑。然而，海空卫士王伟写给妻子的"绝情信"的融入，使得本堂课又不仅仅局限于苏轼的深情，还让学生从王伟烈士铁骨柔情的"绝情信"中感悟到信仰的力量。"绝情信"给这堂课注入了时代气息，也让情感从个人上升到家国，既达到了披文得意、入境悟情的教学目标，亦实现了"空天素养"的培育，更体现了语文教学立德树人之"魂"。航空航天题材与文本内在的共通性让难题变成惊喜，字字泣血的诗文拨动情愫，句句铿锵的家书激荡豪情，学生的心灵被一点点打开，在情感的氤氲和灵魂的碰撞中产生共鸣，既自然地凸显了空天特质，又升华了整堂课的主旨。

三、"尊重学堂"的学科范式

正如课程教学专家崔允漷教授指出的那样，过去我们常常用"不言语的方法"学语言，用"不着地的方法"学地理，用"不艺术的方法"学艺术，用"不科学的方法"学科学。于是，出现物理不碰物（物体）、化学不见化（变化）、生物不懂生（生命）等现象。学科教学进入学科核心素养培育时代，因此必须用学科方法学习学科知识。

既不可能用语文的方式培养运动能力，也不可能用体育的方式培养人地协调观。学科素养不同，学科思维不同，因此教师选择的教学方法也必然不同。闵行三中引导教研组在"尊重学堂"的整体框架下，积极探索具有本学科特色的教学模式，这也是尊重个体、因材施教的"尊重教育"理念的实践深化。我校高中11个教研组通过构建自己的学科模式，来实现学科素养落地生根。

表4-3 "尊重学堂"框架下各学科教学模式一览表

序号	学科	教学模式	简要阐释
1	语文	开放·主动	情境激趣—聚焦问题—探究感悟—拓展迁移
2	数学	问题串	分割式问题—递进式问题—矛盾式问题—综合式问题
3	英语	合作·活动	合理分组—明确任务—活动展示—及时评价—活动延伸
4	政治	情境探究	情感激励—参与体验—分析问题—迁移运用
5	历史	引—思—议—评—固	引入—思考—交流—评价—巩固
6	地理	问题情境	情境问题—尝试解释—合作探究—总结提高—评价反馈
7	物理	实验探究	情境引入—物理建模—实验探究—总结规律—情境应用
8	化学	情境引探	情境创设—引导交流—自主合作—探究论证—巩固拓展
9	生物	情境·迁移	设境—构容—展程—建系—重理—强用
10	信息	学—做—评—议	学—做—评—议
11	劳技	项目体验	设计—表达—物化—评价—改进

（一）英语组："合作·活动"教学模式

人们说到英语学习似乎就是背单词，说到英语教学似乎就是教单词。深入英语课堂，经常会发现这样的情况：教师讲课时往往自说自话，讲到高兴处自娱自乐，讲解结束时自以为是，这样的课堂教学效果令人担忧。

如何以新教学来落实新课程、新教材？教师们边参加培训，边思考破解之道。学校特聘英语教学顾问施国华老师为高一备课组提供了大量关于小组讨论教学法的资料。教师们通过学习阿莫纳什维利、沙塔洛夫等著名教育家关于"合作·活动"教学模式的理论和实践成果，了解到"合作·活动"教学是在教师的指导下，构建学习共同体，让学生学会自主、合作、探究学习，全面体现课程目标，注重单位时间的学习效益，有效促进学生全面发展和教师专业成长。于是，将"合作·活动"确定为英语学科课堂教学基本范式。

这一基本范式在教学实践中包括"合理分组—明确任务—活动展示—及时

评价—活动延伸"五个环节。

1. 合理分组。为充分发挥学生个体及小组的优势，组建小组时要尽量使成员在性格特点、能力倾向上保持合理差异。

2. 明确任务。合作学习时，明确任务和目标，用最短的时间来协调合作方法，提高学习效率，完成学习任务，活动中的小组成员各司其职，职位不固定。

3. 活动展示。通过话题讨论、主题发言、小组辩论、情景表演等多项活动，进行小组合作学习。学生既是学习的参与者，又是活动的组织者。教师对遇到困难的小组要及时提供帮助。

4. 及时评价。评价要贯穿于整个学习活动，将学生自评、小组互评、教师点评相结合，完成打分表，评出最佳小组，使学生了解自己的优势和努力方向。

5. 活动延伸。英语学习不仅局限于课堂活动，更多延伸在课外活动。如配音模仿秀、词汇达人秀、海报设计展、书法作品展，以及基于学生社团的寻找"朗读者"活动，基于选修课的"我为歌狂"活动等。

"合作·活动"教学模式尊重个体与同伴，尊重知识与规律，让学生成为主动学习者。这种模式下，学生能提高学习兴趣，掌握真实的语用能力。此外，我校"空天素养"中的"爱探索，会合作"这一育人目标也能得以很好呈现。

下面以韩霞老师执教的 Unit 2 Language and Culture 中的 Introducing a Chinese Word 为例，谈谈高中英语"合作·活动"教学模式的实际运用。

Lesson Plan

By the end of this period, students will be able to:

1. Understand how to write supporting sentences and how a paragraph is organized by reading a given sample;

2. Write a logical and well-organized paragraph to introduce an interesting Chinese word.

Procedures:

I. Warm-up

*Teacher: Lead students to appreciate the profoundness of the Chinese language and the obstacles it poses to native English speakers.

*Students: Read aloud the Chinese sentences and explain their difficulties; Brainstorm and choose a word that they want to introduce in a speech.

*Purpose: To introduce the beauty of the Chinese language and extend students' thinking about the Chinese characters.

Guided questions:

1. What is the most difficult language in the world?

2. Can you read the sentences aloud in Chinese and explain their meanings in English?

冬天的时候能穿多少穿多少；夏天的时候能穿多少穿多少。

大会上，校长说校服上除了校徽别别别的。

如果你方便的话，帮我看一下店，我想去方便一下。

3. Which Chinese word or phrase do you want to introduce to a group of high school students from Britain who are visiting our school?

II. Writing a Topic Sentence

*Teacher: Lead students to think about the reason why they want to introduce the word.

*Students: Write down their topic sentence.

*Purpose: To let students be clear about their writing purpose and prepare them for the next stage.

Guided questions:

Why do you want to say something about this word not the others? Write down the reason why you choose this word and form your topic sentence.

III. Writing Supporting Sentences

*Teacher: Lead students to recognize and summarize how to write supporting sentences. Remind students of the development of the paragraph.

*Students: Read a passage about the Chinese character "青" and analyze the supporting sentences.

*Purpose: To give students a basic idea of the organization of a paragraph and provide two samples for students to imitate.

Guided questions:

1. What are the meanings of "青" in the passage?

2. How does the writer develop the supporting ideas?

The Chinese character "青" is an interesting word because you can hardly tell what the color exactly is. Sure, in most cases it means green, such as 青草（green grass）, 青山（green mountains）, and 青菜（green vegetables）. It's the color of spring, as the ancient Chinese dictionary defines qing as "birth", so the word "青春", literally translated to "green spring", means youth. But sometimes qing is blue, and it comes from the words of a Confucian philosopher named Xunzi, who says, "Qing comes from blue, yet better than blue", which has become a fixed expression used to describe how the student could outperform the teacher. What's more, qing may also be used to describe color black. For example, "青丝" means black hair and "青衣" describes a main female role in the Chinese opera, because most of them wear black clothing.

Green — by giving examples

Birth — by giving a definition

Blue — by quoting

Black — by giving examples and explaining

Signal words: for example, for instance, such as , means, as sb. put it, can be referred to as ...

Linking words: what's more, also, in addition, further more, on the other hand...

3. Which of the followings are related to the given topic sentence? Can you put all these related sentences into a complete paragraph?（Students' Book, Page 28）

Topic sentence: A simple Chinese word "chi"（to eat）has a lot of extended meanings.

Supporting sentences:

☐ As the Chinese saying goes, "People can't do without food".

☐ Chinese people's love or concern for food has lent many colourful expressions to their mother tongue.

    □ The word sometimes goes beyond its literal meaning. For example, "chimoshui" means "to receive education" instead of "to eat ink", and "chicu" means "to be jealous" rather than " to eat vinegar".

    □ It can be referred to as "to depend on". For instance, "chilaobao" means "to live on labour security funds" and "kaoshan chishan" means "those living in a mountainous area depend on the mountains for a living".

    4. Can you write a paragraph in 60—80 words with supporting sentences to introduce a Chinese word?

    5. Besides introducing an interesting Chinese word, what else do you want to introduce in our school?(the aerospace feature)

Ⅳ. **Assignments**

Write a paragraph to introduce the aerospace feature in our school by using the ways to introduce an interesting Chinese word.

　　韩霞老师展示课的主题是介绍中国文化,通过介绍一个汉字,向外国人介绍中国文化,主题就暗含了英语"做中学"的教学理念。首先,韩老师的教学过程和闵行三中的英语教学模式——"合作·活动"契合度很高。韩老师一开始以导问引出本课主题,通过展示文本,和学生一起阅读分析文本中介绍"青"这个汉字演讲稿的主题,学习如何通过论据支撑论点,通过连接词使演讲更顺畅和有逻辑地衔接表达。其次,学生进行汇报。学生经过合作讨论后已经基本掌握了介绍主题、论据支撑和联系词连接等技能,其演讲能比较恰切地体现西方式的思维表达。随后,韩老师给各个小组布置任务,学生们再次通过合作学习,讨论完成本组最想完成的介绍一个汉字的演讲稿。同时,韩老师将组内每个成员的任务分工和要求直接展示在 PPT 上。学生通过热烈的分工合作、学习讨论,顺利完成本课任务。三位学生选择介绍不同的汉字,并且完全运用了本节课学习到的知识和技能。他们语言流利,演讲精彩,由此窥见闵行三中的英语教学模式是科学有效的。

　　本次教学中也还存在着一些不足,比如,教师发布教学指令还不够明晰,作业设计没能体现出层次性。如作业要求写一段介绍汉字的演讲稿,这个任务是学生通过汇报就已经掌握的，再做就有"炒冷饭"的感觉。如果能将作业要求改为写一篇向外国来宾介绍闵行三中航空航天教育文化的演讲稿，这样既联系了开课的主题，又训练了学生们的知识迁移运用能力。

这节展示课无疑是成功的。闵行三中高中英语组能以核心素养和新课程标准为指导，改变英语教学生态，以学生亲身体验语言文化和思维提升、亲自实践语言应用为主，教师从以教为主到引导学生参加小组讨论，通过合作交流、思维碰撞、自主表达，并充分结合校园航空航天教育文化，完成中国文化的介绍，做到了用英语讲好中国故事。从理解到学会，从综合应用到迁移创新，教师循着语言学习的正确轨道在进行教学。

（二）政治组："情境探究"教学模式

《普通高中思想政治课程标准》（2017 年版 2020 年修订）强调，"尊重学生身心发展规律，改进教学方式……要通过问题情境的创设和社会实践活动的参与，促进学生转变学习方式，在合作学习和探究学习的过程中，培养创新精神，提高实践能力"。闵行三中政治教研组建构了"情感激励—参与体验—分析问题—迁移运用"的"情境探究"教学模式。

1. 情感激励。苏霍姆林斯基说："如果教师不去设法在学生身上形成一种情绪高涨、智力振奋的内部状态，那么知识只能引起一种淡漠的态度，而不动感情的脑力活动只会带来疲劳。"首先要对学生进行情感激励，增强他们探究的内在动力，进而运用这种动力去有效开发自身探究学习的潜能。

2. 参与体验。狄尔泰的生命哲学告诉我们，可以通过"体验—表达—理解"方式阐明人的意义世界。教师可以通过角色扮演、案例分析、辩论碰撞、游戏互动等形式，让学生动起来，让学生在体验中认识客观世界，在体验中获得自身发展。

3. 分析问题。亚里士多德曾说："思维是从疑问和惊奇开始的。"苏格拉底则形象地比喻："问题是接生婆，它能帮助新思维的诞生。"设计从简单到复杂、层次不同的问题，引发学生思考讨论，点燃学生思维的火花，搭建学生探究的平台，是有效探究的关键一步。因此，要设计既适合于学生又有意义的探究问题，才能开展真正有收获的探究活动。

4. 迁移运用。布鲁纳认为,原理和态度的迁移是教育过程的核心。迁移是以已有知识、技能的领会与巩固为前提的。只有通过迁移,才能使已学的知识、技能得到进一步检验和巩固。在思政课的探究式学习过程中,我们为迁移而教,指导学生进行知识、技能、态度的转化。

"情境探究"教学模式符合我校的"尊重学堂"理念。它尊重个体(情感激励)、尊重同伴(分析问题)、尊重知识(迁移运用)、尊重禀赋(参与体验),能培养学生的分析能力、思辨能力、表达能力、迁移能力,也有利于培养学生的梦想、情怀、境界、姿态、思维、合作、创新等"空天素养"。

下面以武小强老师执教的第四课"探索认识的奥秘"中的"人的认识从何而来"为例,谈谈高中政治"情境探究"教学模式的实际运用。

表4-4 "人的认识从何而来"教学设计

教学环节	教师活动	学生活动	设计意图
环节一: 导课	播放视频《东方红一号》	观看当年我国发射第一颗人造地球卫星时激动人心的一幕	增强学生的民族自豪感和荣誉感,并引出主题:发射卫星来探索太空就是伟大的实践
环节二: 合作探究①	1. 什么是实践?"嫦娥工程"属于实践活动吗?为什么? 2. 利用辩证法的相关知识分析"嫦娥工程"为什么要分三步走? 3. "嫦娥"飞天和"苍鹰"飞天有什么本质区别? 4. "嫦娥工程"实践由哪几个要素构成,这些要素的共同特点是什么	学生分组讨论、合作探究这些问题,然后让不同小组的代表分别回答问题,教师给以必要的点拨和补充	1. 利用这些问题的讨论,让学生更加深入了解中国探月历程。 2. 通过这些问题的讨论,让学生借助材料来很好地理解实践的定义和基本特征,最终解决本课的一个重点

（续表）

教学环节	教师活动	学生活动	设计意图
环节三： 合作探究②	结合"实践是认识的基础"相关知识，合作探究：嫦娥五号成功发射的意义是什么	学生合作探究讨论，并分组回答问题	让学生感受到我国"嫦娥工程"并不是一帆风顺的，也是在艰难中前行。同时，借助材料分析，让学生更好地理解实践是认识的基础，最终突破本课的难点
环节四： 学生说航天梦想	引导学生谈谈他们的航天梦想	学生畅谈自己的航天梦想	伟大的事业始于梦想，作为中学生，也要有梦，梦有多远，实践才有多远。教育学生敢于创新，敢于实践

　　这节课的教学过程体现了高中思政课的学科特点。首先，教学过程体现了主导性与主体性的统一。以问题为引领，通过指导学生进行小组合作，对提供的情境材料进行讨论分析，概括学科基本原理、知识，发挥了学生学习的主体作用，培养了学生的合作学习意识、文本阅读能力、运用学科知识分析问题的能力。通过组织学生小组交流与分享，还培养了学生基于学科背景的逻辑表达能力。在学生讨论分析和交流的过程中，教师适时地对学生进行点播指导，帮助学生全面准确地理解知识，发挥了教师的主导作用。其次，教学过程体现了价值性与知识性的统一。教师聚焦学科核心知识，通过概念的剖析，指导学生抓住概念的特征，理解概念的内涵。在教学过程中，不断地引导学生回到核心知识的本身，强化学生对知识的理解，并通过判断、辨识等，及时发现学生学习中可能存在的问题，再及时加以纠正，巩固了知识。教师还注重引导学生关注前后知识的联系，引导学生运用已学的知识分析新的情境和问题，培养了学生的迁移能力。同时，教师关注对学生的价值引领，通过航天相关材料的分析，渗透了航天精神的教育，组织学生录制了立志航天的视频，将个人成长与国家发展结合起来，帮助学生明确学习目标。

　　这节课凸显了"尊重学堂"的空天特质。教师以我国航天事业的发展历程作为情境材料，并贯穿始终，多角度分析和解读，让学生理解了实践的含义、特征，梳理了实践与认识的辩证关系，对学生的航空航天教育与学科教学的联系自然、深刻，很好地落实了校本特色。

此外，这节课还有一些需要改进的地方。第一，教学是否可以更好地联系学校的特点或利用学校现有的资源，使教学更好地关联学生的学习、生活，调动学生的学习积极性和主动性，比如，学生参与了航天研究的一些项目，让学生结合自己的研究、实践体会，分析实践与认识的辩证关系。第二，教师的问题是否可以更开放一些，不要过于拘泥书本知识，要培养学生的发散思维能力。第三，新课标提倡议题式教学，教师在这方面可以进行一些思考，比如，本课教学可以设置什么样的议题，怎样围绕议题来设计教学，等等。

（三）物理组："实验探究"教学模式

物理学是自然科学领域的一门基础学科，研究自然界物质的基本结构、相互作用和运动规律。物理学基于观察与实验，建构物理模型，通过科学推理和论证，形成系统的研究方法和理论体系。根据物理学科的性质和特征，我校物理教研组建构了"情境引入—物理建模—实验探究—总结规律—情境应用"的教学模式。

1. 物理学是一门与自然和生活关系密切的学科，情境创设至关重要。因此，物理教学始于情境，终于情境。

2. 通过现实生活中的真实情境，抽丝剥茧，去除表象，挖出事物的本质，构建物理模型。

3. 通过活动、实验等一系列方法，让学生感受、体验发现物理规律的过程。

4. 在教师引导和学生交流合作中，总结出物理相应的规律。

5. 回归情境，学以致用，学会利用物理规律分析解决生活情境中遇到的实际问题。

"实验探究"教学模式体现了"尊重学堂"理念，如对物理学科教学规律的尊重，对学生主体地位的尊重，对学生认知规律的尊重。

下面以吴丽芳老师执教的"力的合成"一课为例，谈谈高中物理"实验探究"教学模式的实际运用。

一、情境引入

活动一：观看天问一号的发射、变轨等有关视频，了解力的作用效果，并进行简单的受力分析。

活动二：先让两位学生提起一桶重约200N的水，然后让一位学生自己提起这桶水。

思考一：两次提水的过程，作用效果是否相同？学生施加的力是否相同？

思考二：生活中还有哪些事例能说明一个力与几个力的作用效果相同？请举例。

学生通过思考列举的实例如下：用两条绳和一条绳吊着白炽灯，很多只狗拉着雪橇前进等。用两条绳可以吊着的灯，也可以用一条绳吊着。多人才能拖动的物体，一头大象就能拖动。辨析一下作用效果是否相同。

二、新课教学

思考三：对桶进行受力分析后，分析什么是合力、分力？什么是力的合成？合成是否即求和？

板书：一个力作用的效果与两个（或多个）力共同用力作用而产生的效果相同，物理学中我们叫它等效。如果一个力产生的效果与几个力产生的效果相同，这个力就叫作那几个力的合力。组成合力的每一个力叫分力。

力的合成：求几个力的合力的过程叫作力的合成。

活动三：试验合成方法。

教师先利用两个弹簧秤、钩码、细绳模拟提水过程，看两个力的代数和与一个力是否相等。根据模拟实验的结果，猜想分力与合力可能存在什么关系，并在黑板上画出分力和合力的图示。

活动四：根据上面活动猜想设计实验，探究求合力的方法。

活动五：验证猜想，得出平行四边形定则。

学生猜测组成的图形为平行四边形。怎么证明这个结论？（分组实验，提示学生依据桌面的器材设计实验，并请学生代表说说自己的实验设计）

提示：借助尺子，利用初中几何知识验证自己猜想。

板书：力的平行四边形定则。

结论：两个力合成时，以表示这两个力的线段为邻边作平行四边形，这两个邻边之间的对角线就代表合力的大小和方向。这个法则叫作平行四边形定则。

注意：力的合成的平行四边形定则只适用于共点力。

三、情境应用（小结）

1. 学习本节课的几个物理概念，知道力的合成遵循平行四边形定则。

2. 请参与提水的男学生解释同学提水中出现的问题（得到力的合成不是代数求和、遵循平行四边形定则、分力夹角越小合力越大等规律）。

《普通高中物理课程标准》（2017年版2020年修订）的核心理念是物理课堂教学要培养学生的物理学科核心素养，主要包括物理观念、科学思维、科学探究、科学态度与责任。上海市高中物理教学当前的研究和改革方向就是"如何促进基于物理学科核心素养形成的教学改进"。

闵行三中积极创建航空航天教育特色学校，各学科教学都积极融入航空航天教育特色。这节课从卫星轨道调整、大桥斜拉索、学生提水等情境、活动，引导学生发现问题：几个力的作用效果与一个力的作用效果等效吗？在作用效果相同的条件下合力与分力有什么关系？ 3N+4N=7N 吗？进而设计实验方案，吸引学生主动参与探究过程，再让学生从自己获得的实验数据和图形中寻找实验结论。教师在各小组交流中引导学生对自己实验过程进行反思和讨论，碰撞思维火花，再归纳总结，形成准确、严密的物理规律，最终让学生学会用习得的规律解决实际问题。整节课充分体现了"尊重学生""尊重活动""尊重证据""尊重交流"等"尊重学堂"的大赛主题和航空航天特色。

闵行三中"尊重学堂"教学大赛是落实"新课标、新教材"理念的具体行动。本次大赛中，吴丽芳的这节课，既展示了其个人扎实的教学基本功和高超的教学艺术，也反映出物理教研组整体对新课标理念的深入理解和有效实施。物理教研组采用的"实验探究"教学模式——"情境引入—物理建模—实验探究—总结规律—情境应用"，符合新课标理念，是培养学生物理学科核心素养的有效途径。

四、"尊重学堂"的评价改进

（一）"尊重学堂"评价迭代

学校通过编制三份《闵行三中"尊重学堂"观察量表》，引导"尊重学堂"理念植根、策略优化、升级转型。

1. 1.0 版观察量表促"尊重学堂"理念植根

2017 学年，学校课程教学管理人员会同教研组、导师组、学术委员会成员进行大面积观课，发现、发掘"尊重学堂"评价要点，如尊重学生的主体地位、主体作用，尊重学生的个性特点、禀赋差异，尊重学习个体、学习伙伴，尊重学生的知识基础、认知特点，尊重知识的内在逻辑和学生的能力发展规律，成为《闵行三中"尊重学堂"观察量表（1.0 版）》的核心指标。接着，运用这些指标指导教师备课、上课、反思、研讨，将"学生立场""问题意识""情境创设""学科素养"这些理念植入教师教育教学观，通过一堂课一堂课的"短兵相接"、一次一次的"红脸出汗"，让教师从被动接受转为自觉践行。

2. 2.0 版观察量表促"尊重学堂"策略优化

2018 年，闵行三中接受上海市课程与教学调研。学校借鉴上海市教育委员会教学研究室研发的课堂教学调研工具中的观察要点，从中筛选出 20 个关键指标，按照"尊重个体、尊重同伴、尊重知识、尊重禀赋"四个一级指标进行重新组合，制定出《闵行三中"尊重学堂"观察量表（2.0 版）》。教师用来指导备课、上课，学校用来评价课堂教学，20 个观察点，"未见"为 0 分，"可见"按照程度由低到高赋 1—5 分，并随手记录下相应扣分事由。满分 100 分，85 分及以上为优，75—84 分为良，60—74 分为中，59 分以下为差。依据观课记录，开展教学研讨，优化教学策略，实现提质增效。

第一，优化"尊重个体"的策略。引导教师始终关注学生在课堂上是否精力集中、积极答问、主动质疑，大多数学生是否参与学习活动并伴有成功的体验，是否理解并运用所学的概念和技能，能否感受到学习内容和学习活动的价值。

第二，优化"尊重同伴"的策略。学校主张课堂上的师生是平等的学习伙伴，教师是平等中的"首席"。教师导课不拖沓，下课不拖堂；音量足够，板书清晰，无论以何种方式呈现教学内容，全班学生都能看清、听到；相互间倾听他人表达，有候答和理答，给予建设性反馈；有效组织和促进学生的互动与合作，这些既是对学习伙伴的尊重，也是形成课堂民主的重要因素。

第三，优化"尊重知识"的策略。将新旧知识相联系，有系统、有条理、由易到难地呈现教学内容；准确解释、表达学科基本概念和核心内容；围绕核心内容，提供实例和证据；将抽象的教学内容转换为有助于理解概念、解决问题的学习活动。

第四，优化"尊重禀赋"的策略。课时教学目标基于单元教学目标，基于课程标准和学科教学基本要求，符合学生认知基础和水平；创设贴近生活、贴近学生经历的问题情境；运用除讲授以外的多种教学方法，教学节奏流畅；选用合适的媒体资源，熟练运用新教育技术；依据目标设计有意义的课堂反馈检测或练习；适时概括学习要点，并能简明扼要、突出重点；运用多种方式获取教学目标达成状况，并用以指导联系巩固。

3. 3.0 版观察量表促"尊重学堂"升级转型

"尊重学堂"实践了三个学年，如何在学科教学中持续深化？ 2020 学年，闵行三中迎来上海市特色普通高中复评，如何让"空天素养"培育在课堂生根？带着这些思考，学校课程教学领导小组对"尊重学堂"进行了重认识、再思考：建设具有"空天素养"培育的特质课堂，建构符合学科特点的教学模式。为此，学校将"空天素养"培育和学科教学模式建构作为"尊重学堂"观察点，制定出《闵行三中"尊重学堂"观察量表（3.0 版）》，引导"尊重学堂"升级转型。

（二）"尊重学堂"改进成效

下面以闵行三中 2020 学年举办的"空天杯""尊重学堂"大奖赛的几节课为例，管窥观察量表导引下的"尊重学堂"概貌。

1. 融合"空天素养"培育，"尊重学堂"有"魂"有"神"

有"魂"有"神"，即"尊重学堂"站位"培根铸魂"，立意"素养培育"，铸立德树人之"魂"，立个性风格之"神"。

"人的认识从何而来"是高二思想政治必修 4 第四课"探索认识的奥秘"第一框内容。武小强老师用"东方红一号"视频导入，用"嫦娥工程"视频和文字资料，围绕"什么是实践""实践是认识的基础"两个核心问题设计了两个合作探究环节，让学生通过多角度分析和解读，理解了实践的含义、特征，厘清了实践与认识的辩证关系，提升了民族自豪感和责任感，培养了有梦有为、敢想敢为的品质。

在"氧化还原反应"一课中，赵泉波老师用北斗卫星升空、宇航员在宇宙空间的活动场景和玉兔二号登陆的小视频揭示了氧化还原反应在科技、文明发展中的作用，从现实角度提取化学问题，为理论学习做好铺垫。这种教学设计，培养了学生"用化学的眼光看世界"的学习与研究意识。整个教学过程中，教师在知识的学习发展主线中还隐藏着一条若隐若现的人类认识"氧化还原反应"的历史辅线，这条线索帮助学生从朴素到理性地认识氧化还原反应，体现了人们对真理的探索和追求。既呼应了课堂教学模式，又凸显了文化传承，加深了学生对历史和自然的敬仰。教师不断从宏观、微观、抽象的角度对氧化还原反应进行分析、辨析、表征，推进学生对氧化还原概念的深化，体现了"情境、体验、尊重、成长"的课堂风格。

2. 凸显学科教学特点，"尊重学堂"有"模"有"样"

有"模"有"样"，即"尊重学堂"有符合学科教学规律，能反映学科教学特点，被本学科教师广泛认同、呈现趋同的教学"结构"和"样态"。

徐庆老师在"信息压缩"一课中，利用天宫一号太空授课导入，紧接着设计了让学生朗读一串复杂字符的互动游戏。通过学生不同方式的表达，让其体验生活中实实在在的信息处理方法，在游戏中学会信息压缩的简单方法。通过合理的、真实的情境，极大地激发了学生的兴趣。在后续各环节的活动中，通过讨论（议），明确学习内容，学生自主学习（学）、实践操作（做），以及教师归纳总结（评），准确表达了学科基本概念和核心内容，由简到繁、条分缕析地呈现了教学内容。"议—学—做—评"教学模式下，通过循环推进教学流程，最终让学生学会运用计算思维识别与分析问题，抽象、建模与设计系统性解决方案，理解信息社会特征，自觉遵循信息社会规范，在数字化学习与创新过程中形成对人与世界的多元理解力，负责、有效地参与社会共同体，提升了信息意识、计算思维、数字化学习与创新、信息社会责任等核心素养。

3. 落实学科核心素养，"尊重学堂"有"料"有"效"

有"料"有"效"，即"尊重学堂"由生活情境带入，以核心问题导引，以有效任务驱动，以即时评价伴随，从而实现正确价值观念形成、必备品格养成、关键能力达成。

张靖老师在"平均值不等式及其应用"一课中，设计了递进式问题链，通过从特殊到一般的数学思想方法，得到平均值不等式。又从几何与代数两个角度认识和证明平均值不等式，加深了学生对平均值不等式本质的理解。张老师通过毕达哥拉斯学派和帕普斯等关于算术中项、几何中项的研究，类比到本节课即将学习的算术平均值与几何平均值。其中，数学史知识的引入渗透了数学文化；数学家研究数学严谨求实、不畏困难的科学家精神，与我国航天科技工作勇于攀登的航天精神一脉相承，有机地渗透了学科德育。张老师以平均值不等式的获得与证明及简单应用为明线，以数学思想方法的渗透和体会为暗线，教学过程中明暗线交相呼应，贯穿始终。对平均值不等式和常用不等式的探究与证明，注重从数和形两个角度阐释，先引导学生用代数方法解决问题，再用几何图形变化验证代数结论，增强学生从数和形两个角度思考问题的意识与能力，体会数形结合思想方法的优势，提升逻辑推理、数学运算、数学抽象等核心素养。

杜丹丹老师在"东亚的季风"一课中以"火箭发射为什么选择天气晴朗、降水少的时间段？火箭发射场为什么不设在上海？我国四大发射场中哪一个气候条件最好"一组问题开场，既体现了特色学校的课堂特质，也很好地传达了知识学习的意义。教师引导学生通过阅读上海地区多年冬、夏季风频玫瑰图，了解了季风的概念；依据东亚冬、夏季风的源地，推理出东亚冬、夏季风特点，培养了综合思维；通过观看实验视频并记录数据，提取有效信息，理解东亚季风的成因，培养了地理实践力；借助立体地形图学具，培养区域地理观念，提高了区域认知力；通过同桌两人合作填写活动单，画出东亚冬、夏季气压中心和风向，观察景观图和遥感图像，理解季风的影响，增强了人地协调观；通过学习季风新知识，解释生活中的现象，从而培养了留心观察生活中地理现象的习惯，增强了善于观察身边地理事物的意识，锻炼了解决生活中地理问题的能力。

闵行三中倡导并实践"尊重学堂"，就是针对现实课堂中普遍重"教"轻"学"倾向做一些纠偏，希望教师站在"学生立场"，用"学生视角"，呈现出更多"学习场景"。通过持之以恒的推动、坚持不懈的努力，闵行三中有一大批教师能自觉地顺应教学变革的大势潮流，理解并认可学校发展的方向，找到教学改进真谛，实现学科育人价值，享受教书育人的自信与幸福。

第二节　有一群教师叫"领航导师"

教师是学校发展的第一资源，特色教师是特色教育发展的第一资源。一名特色教师往往能带出一个学校的特色项目，带出一群特色教育骨干，带出一批有个性特长的学生。改革开放之初，高连成老师从数学教学转战物理教学，成立闵行三中航模小组，并被团中央评为"活跃的中学生活"先进集体，开启了闵行三中的航空航天教育。世纪之交，梁成就老师把女子足球、女子曲棍球从大西北带入大都市的闵行三中，让"国家曲棍球奥林匹克后备人才培养基地""全国青少年校园足球特色学校"落户闵行三中；王德明老师让"非遗"昆曲在闵行三中扎根、开花、结果。21世纪，刘辉老师接过航空航天教育的接力棒，助力航空航天教育在闵行三中完成了从特色项目—学校特色—特色学校的历史性跨越。这些教师，我们尊之为"领航导师"，他们以个人的教育情怀与境界、专业追求与成长，领航学校特色培育，领航教师成长，领航学生发展。

一、"三导三促"内在驱动

如何把"特色普通高中建设"培育成教师专业发展的新动能，不让其成为"负担"，闵行三中在长期的实践中形成了"三导三促"内在驱动机制。

（一）"导"出引力

一是价值引导。学校深入理解、广泛宣传特色普通高中建设对师生成长、学校发展的价值和意义，凝聚师生共识，汇聚价值力量。

二是精神引导。将"特别能吃苦、特别能战斗、特别能公关、特别能奉献"

的载人航天精神融入学校文化，赋予闵行三中"拼命三郎"精神时代内涵，形成"爱岗敬业、执着追求的奉献精神，刻苦勤奋、勇于争先的拼搏精神，精诚团结、和谐共事的合作精神，与时俱进、不断开拓的创新精神"的新时代"闵三精神"，引导教师不断超越。

三是专业引导。引导教师将航空航天教育作为课程开发、课题研究的新领域。目前，学校几十门航空航天类选修课程大多是教师结合本学科和个人专业背景开设的，极大地提升了教师的课程理解力、开发力、实施力和评价力，真正实现"一专多能"。近年来，闵行三中每年在闵行区、上海市立项大课题、青年课题、小课题多达几十项，营造了"在研究中教，在教中研究"的科研氛围，提升了教师的研究能力。

（二）"促"动活力

一是规划促动。闵行三中要求教师制定与学校同步发展的个人规划，既是引领，更是促动，时时提醒教师不忘初心，不忘承诺，自我加压，促进个人按照自我设计的专业发展轨迹实现自我。

二是项目促动。航空航天教育是闵行三中近年来的重大发展项目，学校每学年都会发布项目清单，并公开招募，教师个人或集体自愿领受项目。根据任务完成情况，学校给予绩效奖励。

三是评价促动。闵行三中除了在三类课程实施中有明确的特色评价指标外，还在职评考核、职级晋升、评先选优等方面加入了"特色建设贡献"指标，从"量"和"质"两方面按权重赋分，把教师切身利益与学校发展紧密关联。

"三导三促"实现了教师与学校同步持续发展。教师队伍的整体提升和特色教师的成长成熟，成为闵行三中优质、特色发展的坚实基础。

二、"七力"指标专业引领

经过深入分析，我们认为闵行三中特色师资队伍"多而不强"的主要原因在于：特色教师教育培训缺乏明确的目标和定位，造成学校的特色教师没有明确的专业发展方向。比如：能胜任航空航天基础知识和技能辅导的教师多，而深入钻研、具有航空航天前沿知识和技能的教师少；擅长本学科教学的教师多，而深入钻研跨学科教学的教师少；擅长课堂授课的教师多，而具备课程开发能力的教师少；教育理念比较传统的教师多，而理念更新力强、自我发展意愿强的教师少。针对这种现状，学校拟定了教师"空天教育素养"，只有整体提升教师的"空天教育素养"，学生"空天素养"培育才有可靠保障。

（一）厘定"空天教育素养"

闵行三中教师"空天教育素养"包含"七力"，即理念更新力、课程开发力、学科教学力、跨学科教学力、学生指导力、专业发展力、团队引领力。

一是理念更新力，具有现代教育观、学生观，能在教育教学中体现先进的教育理念，能将闵行三中"尊重教育"理念落实在教育教学实践中，尤其是在航空航天校本课程教学中能恰切地借鉴和应用工程教育的思想、观念和方法，提高教育效益。

二是课程开发力，掌握校本课程开发的要点和技术，能根据学校航空航天场馆设施设备，结合本学科知识技能和学生发展需求，自主或合作开发出学科拓展类、综合实践类的长、短课程。

三是学科教学力，既包括能胜任本学科教学，在教学中能有意识、熟练地融合航空航天教育，还包括能胜任校本特色课程教学。

四是跨学科教学力，即通过大概念（大观念）、大问题、大项目和大任务来设计与组织教学，整合两门及以上学科知识，解决航空航天具体情境中的真实问题，确立观念、编制方案、制作产品、形成作品、实现创意。

五是学生指导力，即教师不仅应具备学生生涯发展的指导意识和能力，还应具备指导学生创意设计和创新实践等课题（项目）研究的能力。

六是专业发展力，既具备学习航空航天领域新知识的热情和恒力，又具备不断发现新问题、研究新问题、解决新问题的教育科研能力。

七是团队引领力，以个人在特色领域的研究成果，既能在本校备课组、教研组或项目团队中发挥引领作用，还能在区域内发挥辐射带动作用。

（二）搭建成长阶梯

依据"七力"指标的达成度，学校将特色教师培养分为四级梯队，即特色领军教师、特色骨干教师、特色核心教师和特色预备教师。

特色领军教师须是"七力"具备的全能型教师，有区级名师工作室。在闵行三中特色教育土壤上成长起来的研究型课程正高级教师刘辉，为闵行三中特色教师的成长树立了新标杆。

本书从闵行区领军人才文集《筑梦闵行，不忘初心》中摘录了一段刘辉老师的介绍，从他的教育信念、理念、实践和成长中一睹闵行三中特色领军教师的风采。

普通学校里飞出的"金凤凰"（节选）
——记闵行三中上海市特级教师刘辉老师

刘辉，来自普通中学的一名普通教师，2014 年荣获"上海市特级教师"称号，这是当时上海普通中学走出的唯一一名特级教师。当时人们戏言，闵行三中这所普通中学也飞出了"金凤凰"。刘辉老师还荣获过"全国特色教育优秀教师""上海市园丁奖""闵行区领军人才""闵行区领航人才""闵行区研究型课程学科带头人""闵行区研究型课程骨干教师"等荣誉称号，主持过闵行区研究型课程名师工作室，开了闵行区普通高中教师主持名师工作室的先河。

我们通常讲"亲其师，信其道"，刘辉老师从 22 岁走上讲台的那一天起，他就把满腔的热情和真诚的关爱倾注到每一个学生的成长过程中。通过多年的教育实践与反思，他悟出了做一名好教师的真谛：关心爱护学生是教师的天职和品格，爱是一切教育的源泉。在他的教育观念中，没有优生差生，只有成长快慢。正是由于他这种对学生无差别的关心与呵护，再辅之以教学中的激励、方法上的指导，最终征服了学生，这是一名教师走向成功的基本情感基础。

刘辉老师的育人之道突出表现在以下几方面。

一、"学生动"比"教师动"更重要

教学活动是师生的双边活动，教师讲得再好，也必须有学生的有效呼应才能达到预期的教育教学效果。为此，在多年的教育教学实践中，他大胆实践，千方百计地让学生动起来。刘辉的教育座右铭是：教师的教学不是装满脑袋，而是激励自信、激发心智、点亮灵魂。他的课堂成为学生自我发展的快乐园地，比如，学生登台讲课、进行教学设计、编制课后作业，高三政治学科时政专题复习由学生自主选题、自主组织材料、自主讲授……这些以学生自主学习为核心的教学形式的变化，使学生觉得非常新奇。学生有了学习的自主权，学习积极性和主动性得到了极大激发。2009年，他与学校的另一位老师一起创造了闵行三中高考政治均分位列全区第二名的高考最好成绩。

2013年开始，他成为专职的研究型课程教师。由于研究型课程教学提倡关注学生学习兴趣，培养学生的创新意识和实践能力；提倡关注学生的学习过程，在研究过程中丰富学生的学习经历，优化学习方式，进而促进师生的共同进步；提倡给学生更多的思考和探究空间，发挥学生的主体作用；提倡积极思考、主动探究、合作学习等，这让一向"另类"的他有了施展无限创新想法的实践土壤。在他的研究型课程中，学生可以坐着回答问题，可以走出课堂、走进社区去调查和访谈，可以尽可能多地参与校内外的各种社会实践活动和科技创新活动……因此，他的研究型课程非常受学生欢迎。他在教学中积极探索利用研究型课程这个平台开展航天特色活动，带领学生广泛参加全国、市级、区级的各种比赛，连获一等奖，极大地提升了学生的自主创新能力，且极大地增强了学生参与更高级别比赛的自信心。天宫一号搭载方案就是刘辉老师带着他的学生在研究型课程的课堂上设计出来的。

二、"驱动"比"教授"更重要

刘辉老师当年在指导学生设计天宫一号搭载方案时，遇到的最大困难就是学生不自信，进一步退两步，遇到困难时想打退堂鼓。他为了鼓励学生们自信起来，经常挂在嘴上的一句话就是："行不行，试了才知道！"正是在刘辉老师的不断鼓励下，"苏烨们"经过了多次反复才最终完成了获奖方案。在不少学生的眼中，他是一个"从不打击人"的老师。在研究型课堂上，面对学生们提出的稀奇古怪、异想天开的想法，他有一个原则，从不对学生说"不"。他说："现在我们生活中的许多发明创造，在若干年前的人们看来不也是不可能实现的'另类'想法吗？""苏烨们"项目获奖的成功示范，让闵行三中这所普通中学的学生也发生了很大的改变，更多的学生开始敢于行动了，他们在挑战中不断地建立了自信。2009—2014年，200多个全国奖项的获得就是学生自信心、参与积极性大大提升的最好佐证。

三、"玩好"比"学好"更重要

刘辉老师的课堂上每每能看到他带领学生"疯玩"的身影。他经常跟学生说，"学好"只能把自己培养成高级打工者，其实，最好的学习就是"能玩""会玩""玩好"，许多诺贝尔奖就是大师们利用闲暇时间"玩"出来的。世界著名的物理学家爱因斯坦曾经说过，游戏是调查研究的最高形式。每个学生如果都能像在网吧里打游戏那样专注、痴迷，并能玩得专注、玩出乐趣、玩出品位，就一定能玩出名堂。刘辉老师课上带着学生"玩"，课下带着学生"玩"。参加科技比赛时，他从不在乎什么比赛名次，关注更多的是学生"玩"的过程、"玩"得是否开心。也正是在这种兴趣盎然的"玩"中，不知不觉地玩出了200多个全国奖项。也正是在带着学生"玩"的过程中，使他逐步成了业内有名的"跨界"航空航天科普专家。

改变自己可以改变一切，这是刘辉老师在教育中最大的感悟。当记者问他成功地从一名政治教师转型成为研究型课程专职教师的过程中有没有不适应时，刘辉老师坦言，由于自己的学科背景所限，而研究型课程中学生的选题又非常广泛，自然科学、人文科学的课题都有，当初深深感受到自己学科的短板。为了能对学生的课题研究进行有效指导，成为研究型课程专职教师，他开始了拼命弥补学科短板的"工程"。

刘辉老师常讲，大雨瓢泼中的慢慢前行者，往往是打伞的，没有伞的孩子必须努力奔跑。他深知，"一个人，想要优秀，就必须要接受挑战；一个人，想要尽快优秀，就要去寻找挑战"。刘辉老师说："我不聪明，又存在专业短板，要实现自己的专业发展，就要学习做傻子、做疯子，多吃亏、多吃苦，因为傻子会吃亏，疯子会行动。"刘辉老师把"读书、反思、研究"当作自身专业成长的法宝。读书成为他每天生活的重要组成部分，他不仅读教育教学理论和实践方面的书，还阅读物理、化学、生物、心理、航空航天、通用技术等科学书籍。用他自己的话说，近10年他读的书，比参加工作的前20年读的书还要多得多。他把所有业余时间几乎都花在了读书上。他常说，读书虽缺少了些许生活乐趣，但天长日久会使人思想深刻，智慧丰满。也正是在不断地阅读和实践中，他把自己培育成为一名对教育事业充满情怀、胸襟开阔、视野广阔、充满探索精神、个性化的优秀教师。

（节选自闵行区领军人才文集《策梦闵行，不忘初心》）

特色骨干教师是具备 5 项以上能力的"一专多能"型教师。学校设有以个人命名的工作室，目前，已命名挂牌的闵行三中名师工作室有高春妹、张红梅、王继军、蒋建龙、袁世飞。

特色核心教师至少具备 3 项能力，其团队以各级、各类骨干教师和工作室学员为主。

特色预备教师至少具备 1—2 项能力，以普通的学科教师为主。

特色教师梯队的搭建，给予特色教师专业发展期许，提供成长通道，指明发展目标，形成百舸争流、奋勇争先的发展局面。

三、"四级梯队"接续成长

（一）借力高端专业资源，培养特色领军教师

特色学校建设没有领军人才引领方向、担当大梁，是无法走稳走远的。首先，校长要熟稔特色学校建设的政策导向、价值意义、核心要素和规范流程，要有规划学校特色发展、营造特色育人文化、领导特色课程教学、引领特色教师成长、优化学校内部管理、调适外部资源环境的能力。其次，还要有几个能在开发课程、融合教学、组织活动、培养教师、指导学生等方面起带头示范作用的强将。为此，我本人带着特色普通高中建设的思考与困惑，申请到教育部中学校长培训中心参加为期两个月的全国高中骨干校长高级研修班培训。请教专家教授，公开发起班级讨论，加深了我对特色高中建设的理解与认识，解开了很多理论和实践中的困惑。我和学校特色建设核心组成员一起，频繁地与市、区专家进行面对面深度互动，或将他们请到学校现场诊断，或登门向专家汇报请教，使得闵行三中航空航天教育始终走在正确的坦途上。同时，学校通过走出去、请进来，与上海交通大学航空航天学院、上海航天技术研究院的教授、研究员加强专业方面的交流，使闵行三中航空航天教育始终不偏离中心地带。通过多渠道的学习培训、专业指导，学校特色创建的核心成员能驾驭特色学校建设持续、健康、快速发展。如果说闵行三中全体教师是蓝天上的雁阵，校长及团队核心成员无疑是头雁，必须有智慧引领方向，有魄力逆风飞翔。

（二）依托区级培训基地，培养特色骨干教师

闵行三中既非市、区实验性示范性学校，也非大学附中，作为闵行区的一所普通中学，多个区级名师工作室落户于此，这在闵行区乃至上海市都是"稀罕物"。我的前任校长颛孙长宗带了闵行区三期中学数学骨干教师培训班，闵行三中时任所有数学教师或以学员、旁听生的身份分批进入培训班参训，把数学学科打造成闵行三中的"强势学科"。近年来，尽管数学学科教师不断引入、调出，但是数学学科在闵行区的优势地位丝毫没有受到影响，因为数学学科形成的教学文化已经根植于闵行三中这块教育土地。

在闵行三中本土成长起来的上海市研究型课程特级教师、正高级教师刘辉于 2017 年开始主持闵行区研究型课程名师工作室，这是闵行区第一个也是唯一一个研究型课程名师工作室。因为得地利、人和之便，为闵行三中培养了近 30 名两类课程及航空航天特色教师，闵行三中 5 个名师工作室主持人中有 2 人出自刘辉老师的闵行区研究型课程名师工作室。同时，刘辉老师还为闵行区培养了区级骨干教师 10 人，其培训课程惠及闵行区 300 多名两类课程教师，其 50 多场报告惠及多所特色高中建设学校。

2017 年，从七宝中学调入闵行三中的黄建书副校长是生命科学特级教师，主持闵行区生命科学名师工作室。闵行三中生命科学教师均在其工作室受训过。在黄建书老师的培训指导下，闵行三中生命科学教研组组长张红梅的教学案例获得区一等奖；汪婷婷获"全国中小学实验教学能手"称号，其与导师黄建书等制作的实验专用装置荣获 2021 全国中小学优秀自制教具展评活动一等奖，并获得国家专利；杨丽英荣获"闵中杯"中青年教师教学基本功大赛一等奖、区实验教学说课比赛实验创新奖和市实验说课比赛二等奖。生命科学教育团队获得上海市中小学单元作业设计比赛二等奖，闵行三中生命科学等级考成绩以大幅度的优势位居闵行区前列。张红梅现为闵行区骨干教师、闵行三中名师工作室主持人，汪婷婷、杨丽英进入区骨干后备序列。黄建书老师创立的骨干人才"进阶式"培养模式，为闵行区培养出 4 名区级骨干教师、8 名骨干后备、4 名希望之星。

（三）搭建校本培训平台，培养特色核心教师

特色核心教师从人数来讲，是闵行三中航空航天教育的"基本盘"。如何将

这支队伍打造成特色教育的"主力军"？学校充分发挥特色骨干教师的示范、引领和辐射作用，先后设立了张红梅航空航天科学工作室、高春妹跨学科教学工作室、王继军航空航天工程工作室、蒋建龙航空航天模型工作室、袁世飞航空航天遥感工作室。通过工作室招募特色核心骨干教师，整合校内航空航天教育资源，开展针对性的系统培训，实现"组团式"发展，加快学校航空航天特色核心教师队伍的培育，成为学校特色核心教师快速成长的重要路径。工作室设立以来，为学校培养了 40 多名航空航天特色核心教师，这支队伍在特色课程开发和管理、航空航天科普活动的组织和开展等方面发挥了重要作用。

每学年，学校给予校内名师工作室一定的专项经费，支持工作室成员外出学习、培训和考察，外聘专家作讲座、学术报告，开展论坛，给学员开阔眼界、转变理念、提升理论水平和教学实践技能提供了保障，提升了教师团队整体的特色素养，壮大了学校特色发展的中坚力量。

为了不人为地割裂学生"空天素养"培育、窄化教师的"空天教育素养"，学校成立校内特色研训共同体，以航空航天特色教育项目的形式整合 5 个工作室的几个或全部，围绕项目研究需要开展集中研修和培训。项目立项给予经费资助，项目获奖给予荣誉和奖励。

（四）定期推出特色任务，培养特色预备教师

1. 校本课程开发

每学年结束前，学校向全体教师发布新学年校本课程征集令，并给出规范格式和优秀案例，供教师假期作准备。校本课程开发方式既可以是个人独立开发，也可以是多人联合开发，还可以与专业公司合作开发。比如，20 多位教师利用假期主动参加了上海科技馆、上海自然博物馆、钱学森图书馆和上海航宇科普中心等单位的"馆校合作"项目，共同开发出"我们的航天梦"课程。再如，有位教师在学校支持下，与 3D 创新实验室的设计建设单位联合开发出"3D 建模与打印"课程。同时，该教师在教学过程中，充分发挥"学生也是课程开发者"的作用，将该门课程升级为"航空航天模型结构设计与研究"。又如，参加过闵行区教育学院组织的STEM 培训的几位教师，联合开发出"航空航天 STEM"课程。因为多人开发，给"双师制"授课提供了多种组合，给学校安排教师留下了很大的灵活空间。

　　绝大多数校本课程都是教师个人开发的，如航空航天英雄谱、太空探秘、航天器大观、濒危植物保护、文·化之恋等。下面，让我们一起循着高春妹老师开发的"文·化之恋"校本课程之旅，去感悟她的成长经历。

【课程内容】

　　2013 年 9 月，第一次实践，以"诗词歌赋显'文·化'"为主题，6 课时，内容包括成语、谜语、谚语、古诗等，挖掘传统文化中的化学教育资源。

　　2015 年 9 月，第二次实践，12 课时，增加影视歌剧和歌曲传唱两个板块。

　　2016 年 9 月，第三次实践，两学期，开发"做文化"充实课程。

　　2018 年 9 月，第四次实践，结合学校特色，增加航天文化。

表 4-5　"找文化"单元

单元	主题	学科	主要活动	备注	课时
找文化	序曲	文学与科学的姻缘	1. 了解本课程的主要内容、形式等； 2. 了解科学家的文学情缘	第1课时：教师引导、讲解、示范； 第2课时：学生查找、团队分享、主题发言、深度思考	1
	1. 成语典故连文化	文学之成语	1. 了解成语的结构、意义、典故分析； 2. 查阅哪些成语中蕴含有化学本义； 3. 小组合作寻找含有化学知识的成语		2
		化学之现象、方程			
	2. 诗词歌赋显变化	文学之古诗	1. 了解古代诗词的分类、结构等； 2. 古诗词欣赏，托物言志分析； 3. 小组合作寻找含有化学知识的古诗词		2
		化学之概念、物质			
	3. 灯谜字谜传文化	文学之谜语	1. 谜语结构、种类分析； 2. 如何设计谜语的谜面和谜底； 3. 经典谜语猜一猜； 4. 猜化学谜语，设计化学谜面和谜底		3
		化学之元素、变化			

（续表）

单元	主题	学科	主要活动	备注	课时
找文化	4. 歌曲传唱学文化	文学之朗诵、歌曲 化学	1. 了解朗诵的基本方法； 2. 朗诵欣赏不同风格的诗歌； 3. 小组合作寻找化学学科歌曲； 4. 小组合作填词或作曲一首		2
	5. 影视歌剧来揭秘	文学之戏曲、电影 化学综合知识	播放电影电视剧、广告等片段，解密化学知识 小组分工寻找影视资料中含有的化学知识		2
	6. 古墨丹青隐文化	美术、绘画、历史、化学	1. 欣赏名画，了解油画、水墨画的相关材料； 2. 了解古画的收藏、维护、修补方法		2

表 4-6 "做文化"单元

单元	主题	学科	主要活动	备注	课时
做文化	1. 飞天文化	文学之飞天传说、诗歌 历史之航天史 化学之原电池知识	1. 寻找体现古代飞天思想的绘画、古诗词、对联、成语典故等； 2. 了解人类航天航空史； 3. 了解航天器中的化学材料和化学能源； 4. 设计不同原电池、水果电池研究发电（2课时）	第1课时：学生查找、团队分享、主题发言、深度思考；第2—3课时：教师引导，小组开展实验研究并完成研究报告	3

（续表）

单元	主题	学科	主要活动	备注	课时
做文化	2. 皂文化	文学之风俗、小说等	1. 了解肥皂传说、俗名、文献资料、故事等； 2. 欣赏鲁迅《肥皂》小说； 3. 了解现代制皂原理、古法制皂原理； 4. 小组合作制作不同的肥皂（热皂、冷皂等）； 5. 小组分享、汇报研究过程		4
		化学之皂化反应机理			
	3. 蛋文化	文学	1. 了解有关蛋的传说和风俗； 2. 查找资料，确定蛋的构造和成分、营养价值； 3. 开展玩蛋的游戏、实验等； 4. 制作咸鸭蛋和皮蛋		4
		化学			
		生物			
	4. 镜文化	文学	1. 寻找镜子的传说和故事 2. 了解银镜反应机理，动手做试管镜 3. 了解制镜工艺，动手做一面镜子		3
		化学			

【课程实施】

第一学期："找文化"。从文学艺术宝库中找资源，在诗书传承中找化学。学生既要有针对性地收集成语、谚语、谜语、对联等，也要从中挖掘蕴含的化学知识，尝试自己解密，提升学生的科学素养和人文素养。

第二学期："做文化"。学生通过收集资料，了解"飞天文化""皂文化""蛋文化""镜文化"的故事传说、民俗风情等；在科学探究、设计实验、做实验、改进实验的基础上，完成研究性学习报告并进行交流，从而达成实验探究和创新、文化理解和传承、科学精神和责任、思维发展和提升等目标，提升学生的学科核心素养。

2. 开展"空天杯""尊重学堂"大奖赛

"空天杯""尊重学堂"大奖赛主要检验学科教师是如何在必修课程和选择性必修课程教学中融合航空航天教育，培育学生"空天素养"的。此项赛事每学年举办一届。先在备课组磨课，然后在教研组上课研讨，最后推荐到学校参赛。此项赛事设专家评委和群众评委：专家评委包括区教研员、学校学术委员会成员和教学管理干部，所有前来听课的本校和外校教师作为群众评委，专家评委和群众评委打分按比例计入总分。赛课结束，举行隆重的总结、表彰、交流大会。这一教学盛会把每位教师带入特色教学的情境中，这给全体教师转变观念、提升特色教学素养和技能提供了一条有效的途径。

3. 聚焦特色领域教育科研

近年来，随着特色普通高中建设的深入推进，全体教师参与特色创建的积极性普遍提高，教师主动承担与学校特色相关的教育科研课题，取得了丰硕的成果。学校的特色创建促进了教师的专业发展，而教师对特色的深入研究，又进一步引领着学校特色的科学发展。

表 4-7　闵行三中教育科研课题汇总表

主持人	课题名称	级别	批准时间	批准单位	完成情况
刘辉	航天课程开启学生发展的无限可能	市级	2013 年 12 月	上海市教育委员会	一等奖
王全忠	信息技术背景下的航空航天课程开发与实施研究	市级	2015 年 9 月	上海市教育委员会	合格
刘辉	基于核心素养的研究性学习教学改进研究	区级	2016 年 12 月	闵行区教育局、闵行区教育学院	在研
王全忠	个性化教育背景下的校本课程图谱开发与应用研究	区重大科研项目	2017 年 12 月	闵行区教育局、闵行区教育学院	优秀
刘辉	基于航天文化特色的航空航天创新实验室建设研究	区级	2017 年 12 月	闵行区教育学院	合格

（续表）

主持人	课题名称	级别	批准时间	批准单位	完成情况
鲍晓雷	"尊重教育"背景下学生生涯发展的实践研究	区级	2017 年 12 月	闵行区教育局、闵行区教育学院	合格
黄建书	闵行三中"尊重学堂"的实践探索	区级	2017 年 12 月	闵行区教育局、闵行区教育学院	在研
刘辉	空间再造　引发学习方式变革	区级	2019 年 6 月	闵行区教育局	二等奖
鲍晓雷	高中生涯导师工作机制研究	国家级课题子课题	2020 年 3 月	闵行区教育学院	在研
王全忠	基于大数据的"航空航天微校"智能学习系统	区级	2020 年 4 月	闵行区教育局、闵行区教育学院	在研
黄建书	基于学生画像建模的个性化学习路径与精准教学实施研究	区级	2020 年 4 月	闵行区教育局、闵行区教育学院	在研
刘辉	设计思维理念融入常态课堂教学实践研究	区级	2020 年 4 月	闵行区教育局、闵行区教育学院	在研
钱新棣	大数据支撑下的个性化学习与探究	区级	2020 年 4 月	闵行区教育局、闵行区教育学院	在研
王全忠	"三全育人"理念下初高中一体化思想政治工作体系建构研究	市级	2020 年 8 月	上海市教育委员会	在研
王全忠	"逐梦空天"校本特色课程的"五育"融合实践研究	市级	2021 年 11 月	上海市教育委员会	在研
黄建书	指向核心素养的课堂观察研究与实践	市级	2021 年 11 月	上海市教育委员会	在研

（闵行三中教师　王全忠）

第五章

助航：一个节日与一种文化

有一个节日叫"航空航天节"。这是闵行三中校园文化节日——"六节两会"中最具特色、最受欢迎的节日。普及航空航天知识、检阅航空航天课程成果、点燃创意创新热情、展现动手实践能力、积淀航空航天教育文化是它的使命。航空航天节日臻完善的设计、日渐丰富的内容、日趋多样的形式等，吸引了众多校内外学生参与，成为航空航天爱好者的嘉年华。

　　有一种文化叫"航空航天教育文化"。航空航天微景观让你驻足流连，空天翱翔馆让你冥思遐想，航空航天体验让你欲罢不能，航空航天微校让你眼界大开，亦真亦幻，别有洞天，这里是航空航天教育的文化场。

　　航空航天节丰富着闵行三中的航空航天教育文化，浸润着志在蓝天的孩子的心灵，助力他们飞得更高更远。

第一节 有一个节日叫"航空航天节"

航空航天节是闵行三中独具魅力的一个校园文化节日。航空航天节的举办，为学校营造了更加浓郁的航空航天教育文化。截至 2022 年，我们已成功举办了十三届，从最早的"航天节"到"航天科技节"，再到"航空航天科技节"，再到"航空航天节"；从一所学校单办到几所学校联办，再扩大到区域合办，从一个侧面展现了闵行三中航空航天教育内涵和外延的深化与拓展。航空航天节现已成为航空航天课程教学成果发布、学生学习成果展示、特色教育资源辐射的平台。

表 5-1 闵行三中历届航空航天节

名称	时间	主题
第一届：航天节	2008 年 6 月 2 日	我为航天闵行出份力
第二届：航天科技节	2011 年 4 月 25 日	一颗种子托起航天梦
第三届：航天科技节	2012 年 5 月 28 日	展航天特色，育课程文化
第四届：航天科技节	2013 年 4 月 22 日	热爱航天，展我风采
第五届：航天科技节	2014 年 4 月 21 日	航天梦·中国梦
第六届：航天科技节	2015 年 5 月 5 日	航天梦从这里起航
第七届：航天科技节	2016 年 4 月 25 日	合作共建，圆梦空天
第八届：航空航天科技节	2017 年 4 月 17—24 日	展我风采，争创特色
第九届：航空航天节	2018 年 4 月 23 日—5 月 28 日	快乐实践，收获成功

（续表）

名称	时间	主题
第十届：航空航天节	2019 年 4 月 22 日—5 月 13 日	科技，改变生活
第十一届：航空航天节	2020 年 4 月 24—30 日	无穷的空天奥秘，有效的居家学习
第十二届：航空航天节	2021 年 4 月 24 日—6 月 30 日	传承钱学森精神，树空天报国之志
第十三届：航空航天节	2022 年 4 月 24—30 日	砥砺"空天素养"，激扬强国梦想

一、航空航天特色课程教学的"展示台"

肇始于 2008 年的首届航天节，闵行三中策划录制了"我为航天闵行出份力"市级"862"录像课（2006 年下半年，上海市教育委员会推出了 862 节录像观摩课，供上海市教师观评。这些课无论是对于教师培训，还是对于校本研修、教研组建设，都是宝贵的资源），在全市研究型课程教师暑期培训共享学习。

闵行三中航天节的诞生承载着航空航天特色课程建设的使命。第三届航天科技节期间，学校开展了研究型课程建设研讨、学生研究性学习课题集中开题论证。

第四届航天科技节期间，学校首个创新实验室"模拟飞行创新实验室"建成并开设课程。

第五届航天科技节期间，学校的航空航天拓展课、社团课逐步开展起来。

第七届航天科技节期间，学校完成 5 门航空航天精品课程建设，并编印了 5 本航空航天校本读物。

第八届航空航天科技节期间，学校开展了以"聚焦核心素养，提升课程品质"为主题的闵行区航空航天特色课程展示活动，建成了 3D 建模和濒危植物保护创新实验室，并在场馆中进行了课程展示。

第九届航空航天节期间，学校建成了空天翱翔馆等多个创新实验室。2018 年 12 月 20 日，学校进行了上海市特色普通高中全市展示，涵盖基础型、拓展型、研究型三类课程形态的"逐梦空天"课程，得到了领导、专家和同行的充分肯定和称赞。尤其是闵行三中"航空航天实验班"的设立，与东航飞行培训中心、"视像中国"远程教育发展中心联合举办的"飞行梦想人才"培养计划，得到了领导和专家的高度评价。

第十届航空航天节承办了"闵三杯"2019年上海市青少年航天科普活动，全面检阅了闵行三中航空航天课程建设成果。学校还开展了全市航天特色学校科技教师火箭模型制作技能及安全知识培训，进一步提高了教师的火箭模型制作水平。

第十二届航空航天节期间，学校在上海市电化教育馆的大力支持下，携手上海埃依斯航天科技有限公司，联合制作了《星耀韶华——人造卫星的探索与应用》在线课程，上线上海市专题教育网。

第十一届、第十三届航空航天节正值疫情防控期间，教育教学全部转到线上，学校举办了两届线上航空航天节。其间，结合闵行区智慧教育项目——基于大数据的"空天微校"智能学习系统的开发与建设，学校将闵行三中"逐梦空天"航空航天校本特色课程搬到线上，供学生选修，同时，举办了航空航天知识、航空航天模型制作等云端赛。

二、航空航天创意实践交流的"嘉年华"

从第二届航天节开始，学校设计实施了深受航空航天爱好者喜爱的系列活动，包括航模表演、航空航天科普讲座、火箭模型比赛、水火箭比赛、参观航空航天科技场馆、航空航天科幻画创作大赛、研究性学习课题开题展示、航空航天黑板报评比、"太空种子"授种仪式、投石车比赛、航空航天知识竞赛、"变废为宝"航空航天模型小制作、模拟飞行比赛、无人机比赛、3D徽标/吉祥物设计评比、疯狂多米诺结构设计评比、科创小论文展示交流、观赏科普影片、社团展示活动等几十项活动。其中，第二届、第五届航天科技节与闵行区青少年活动中心联合举办；第三届航天科技节承办了2012年上海市航天模型比赛，并冠名"闵三杯"；第四届航天科技节首次派队参加"飞向北京—飞向太空"全国青少年航空航天模型教育竞赛；第五届航天科技节组织了首届"中国梦·航天梦"优秀科技学生赴酒泉卫星发射中心观摩卫星发射夏令营；第九届航天科技节承办了"闵三杯"2018 年闵行区校园模型节；第十届航天科技节承办"闵三杯"2019 年上海市青少年航天科普活动。第三届和第八届期间，学校两度代表上海参加亚太地区水火箭比赛。

闵行三中：以梦为马，自由驰骋
——走进"闵三杯"2018 年闵行区校园模型节现场

2018 年 5 月 6 日，"闵三杯"2018 年闵行区校园模型节在上海市闵行第三中学举行。记者带你走进现场，感受一场科技比赛的狂欢。

本届模型节模型比赛分为中小幼三个年龄组，设置了航空、航天、车模、船模、建筑模型等六大类项目。室外，举行了啄木鸟手掷模型飞机、空中战士电动线操纵模型飞机、"巨鹰号"橡筋动力模型飞机、管式橡筋模型直升机、"宇探 2 号"火箭伞降、"宇探 2 号"火箭带降、"神鹰"火箭模型、"小力士"火箭伞降模型、"飞天梦"火箭伞降留空计时赛等 9 项比赛；室内，举行了"金雀"室内橡筋动力模型飞机、多旋翼任务飞行（人工组）、多旋翼任务飞行（编程自驾组）等 3 项比赛，来自全区幼儿园、小学和中学的 1500 多名选手参加了比赛。

比赛日，虽然天公不作美，但丝毫没有减弱选手们的创造热情。他们非常珍惜这次锻炼机会，十分专注投入，精心制作模型，反复调试完善，灵活操控模型，表现出严谨的态度和浓厚的兴趣。本次活动，闵行区青少年活动中心的科技老师们亲临现场指导，学生家长也表现出极大热情，全程陪同孩子参加比赛。

本次活动也是闵行三中第九届航空航天节系列活动之一。学校组织培训了 70 名高中生担任助理裁判、10 名初中生担任志愿者，学校科技团队和管理团队全员参与，为学校锻炼队伍、提升科技教育水平、积累举办大型活动经验提供了宝贵的机会。闵行三中校园电视台的小记者们也全程参与了拍摄与采访。校长王全忠表示，今天的闵行三中校园是他心目中的理想场景，他特别希望把学校建成一个偌大的创新生态场，以梦为马，自由驰骋。

（东方网教育频道　陈乐　陈士琪）

独乐乐不如众乐乐，我校从第十三届航空航天节开始，以"交大—江川"学区初中教育联合体的身份，邀请联合体内的初中学校热爱航空航天的学生一起参与丰富多彩的节日活动。闵行三中的航空航天节不仅是学生的嘉年华，还是航空航天特色学校教师相互学习交流的盛会。节日期间，我们邀请了特色指导教师参加航空航天科普讲座、课程培训、经验交流，提升了教师指导航空航天教育的能力和水平。

疫情期间，我们将航空航天节转移到线上，设计实施了丰富多彩的线上活动，吸引了更多的师生参与航空航天教育的嘉年华。

闵行三中第十三届航空航天节线上活动方案

在第七个"中国航天日"到来之际，在神舟十三号英雄航天员凯旋的荣耀时刻，闵行三中迎来了第十三届航空航天节。为确保疫情防控背景下的航空航天节活动同样精彩，特制定本方案。

一、指导思想

牢记习近平总书记"探索浩瀚宇宙，发展航天事业，建设航天强国，是我们不懈追求的航天梦"的殷殷嘱托，秉持闵行三中"育空天素养，树时代新人"的特色教育追求，激发闵三学生崇尚科学、探索未知、敢于创新的热情，以全面提升学生"空天素养"为主旨，以航空航天精神教育为核心，强化科学精神和人文精神的培养，提升学生的创新精神和实践能力。

二、活动主题

砥砺"空天素养"，激扬强国梦想

三、活动形式

因受疫情影响，本届航空航天节采取线上活动形式。通过云课堂、云制作、云绘画、云创作、云讲座、云端赛、云创意等形式，进行学习实践、创意制作、作品提交和成果评定。

四、参加对象

初、高中全体学生

五、活动时间

4月24—30日

六、活动内容及日程

第十三届航空航天节活动内容及日程

内容与形式	时间	活动对象	成果形式	负责人
"云课堂" 走近钱学森	4月30日	中预—高二全体学生	学习体验文章	赵泉波、李红艳、年级组组长、班主任
"云制作" 航空航天模型制作	4月30日	中预全体学生	作品照片	蒋健龙、王义友、班主任
"云绘画" 航天航空科幻画	4月29日	初一全体学生	绘画作品	周丽艳、王娜、班主任
"云创作" 航空航天科幻小说创作比赛	4月29日	初二全体学生	原创作品	陈昌平、王颖、班主任
"云讲座" 航空航天科普讲座	4月29日	高一全体学生	照片和体会文章	刘辉、王文军、班主任
"云端赛" 航空航天知识竞赛	4月29日	高二全体学生	获奖等第	胡陈红、侯明伟、张婧、班主任
"云端赛" "浦江三中杯"第七届闵行区青少年知识产权知识竞赛	4月29日	初中部分学生	获奖名次	蒋建龙、班主任
"云创意" 首届上海青少年"神舟筑梦"航天主题创意作品征集活动	4月25—29日	初、高中部分学生	三类作品及获奖名次	孙晔、蒋建龙、王继军、侯明伟

附件一："走近钱学森"云课堂活动方案

附件二：航空航天模型制作活动细则

附件三：航天航空科幻画比赛细则

附件四：航空航天科幻小说创作比赛细则

附件五：航空航天科普讲座活动安排

附件六：航空航天知识竞赛比赛规则

附件七："浦江三中杯"第七届闵行区青少年知识产权知识竞赛细则见比赛通知

附件八：首届上海青少年"神舟筑梦"航天主题创意作品征集活动细则见比赛通知

三、特色教育资源整合的"窗口档"

航空航天节还是闵行三中特色教育资源整合的"窗口档"。学校不但会让师生"走出去"开眼界，而且会邀请相关高校、研究院所、行业学会、知名企业来校共商航空航天教育大计。其间，达成了多项战略合作协议，争取到非常宝贵的特色教育资源。首届航天节就得到了上海市教育委员会教学研究室的关注和支持。第二届航天科技节期间，上海市宇航学会、闵行区教育局领导亲临指导。第三届航天科技节得到上海市航天科技工业展示馆的大力支持。第四届航天科技节得到上海航天设备制造总厂的支持，带领学生参观火箭组装车间。第五届航天科技节在上海航天技术研究院的赞助支持下，20多名师生赴酒泉卫星发射中心观摩卫星发射。第六届航天科技节，上海交通大学航空航天学院学生社会实践基地在闵行三中揭牌，闵行区首个"领军人才"志愿者服务基地落户我校。第七届航天科技节，上海空间推进研究所（801所）捐赠我校2枚现役火箭，上海航天技术研究院赠送我校9套大型航天模型。第八届航空航天科技节，闵行三中与上海航天技术研究院签署校企共建协议，上海航天技术研究院建筑设计公司对闵行三中校园航空航天文化氛围营造进行整体设计，上海航天设备制造总厂为学校量身定做了长征四号B运载火箭和长征五号运载火箭大型模型，上海卫星装备研究所（812所）赠送学校20套新型民机、军机和卫星模型。第九届航空航天节，闵行三中与上电所签署协议，建立合作关系，上电所成为闵行三中师生参观考察、体验学习的基地，聘请上电所的研究员为闵行三中学生的生涯导师。第十届航空航天节，闵行三中师生首次组团走进中国商飞，此后，中国商飞成为闵行三中学生的研学基地。

四、特色教育成果辐射的"发布会"

首届航天节，闵行三中策划录制的"我为航天闵行出份力"市级"862"录像课，在全市研究型课程教师暑期培训共享学习。

第二届航天科技节，上海市宇航学会、闵行区教育局领导来校为天宫一号搭载方案获奖团队颁奖，《新闻晨报》等多家媒体慕名来校采访。

第三届航天科技节，我校创新项目推荐参加"磨剑五载，梦圆天宫"，荣获第二十七届全国青少年科技创新大赛一等奖，并参加8月在宁夏银川举行的终评展示，上海电视台、《新民晚报》《动手作报》等多家媒体进行了报道。学校被评为上海市航天特色学校、全国特色教育优秀学校。

第四届航天科技节，闵行三中荣获首届闵行区科技特色学校。"育太空种子，做有责任的人"荣获上海市青少年航天科普活动一等奖。荣获上海市青少年科技创新大赛创新成果类首个一等奖。荣获全国航天征文比赛3个一等奖、7个二等奖、8个三等奖。《动手作报》两次对学校的航天科技活动进行报道。

第五届航天科技节，科技辅导员刘辉老师被评为上海市研究型课程特级教师，为闵行三中教师专业发展树立新标杆。学生在各种科技比赛取得市级以上奖项100多项。

第六届航天科技节，天宫二号全国青少年科学实验方案获得2个全国一等奖、6个全国二等奖、7个全国三等奖的佳绩，CCTV-13对闵行三中师生在天宫二号实验方案征集活动中的优异表现进行了深度采访和报道。

第七届航天科技节，闵行三中被授予全国首批航天特色学校，《上海中学生报》等多家媒体对我校航天科技活动进行了报道。申创上海市特色普通高中方案通过专家组评审，闵行三中成为上海市特色普通高中项目学校。涵盖3个楼层、3000多平方米的创新实践场馆建设全面启动。

第八届航天航空科技节，闵行三中荣获"全能脑力王"上海市首届STEAM青少年电视公开赛一等奖，蒋建龙老师荣获"十佳优秀指导教师"。学校被授予全国首批航空特色学校。

第九届航空航天节，空天翱翔馆、苏烨青少年科学院、创意工坊中多个创新实验室建成，并对校内外开放。

第十届航空航天节，我校蒋建龙老师荣获"全国优秀航天科技辅导教师"。《中国教育报》《新民晚报》等对我校的航空航天教育特色进行了报道。以下为《新民晚报》的报道。

近日，闵行三中第十届航空航天节圆满落下帷幕。这届航空航天节共有 16 项活动，有比赛项目，也有活动项目；有航空航天科技，也有人文内容；有科学素养的展示，也有艺术创意的交流。在本届校园科技节活动中，涌现了一批热爱科技、醉心创造的学生，也涌现了一批精诚团结、积极参与的优秀集体。全校共收到科技创新小制作展品、科幻画、变废为宝作品和手绘科技小抄报作品 200 多件。其中，优秀作品在学校体育馆进行了展示，让学生们互相学习、交流、提升。学校还向获得单项一等奖和综合奖项的个人、集体颁发了奖状。涉及科幻画等级奖、优秀组织奖、航空航天科普知识竞赛、航空航天论文比赛等许多奖项，鲍云峰副校长进行了航天节闭幕式的总结发言。

在本届航空航天节里，科技总辅导员蒋建龙老师带领 40 位科技特长生前往位于上海浦东的中国商飞上海飞机制造有限公司进行参观考察，一同前往的还有校党总支书记顾向东与部分党员教师。首先参观的是一架已经退役的飞机。在参观的同时，大家了解了飞机的基本结构，观摩了驾驶舱的主要构造。接着来到了大飞机 C919 的现场组装车间进行观摩。在总装制造车间内，大家认真聆听了工作人员对 C919 大型客机的研发历程、设计理念等方面的详细介绍，实地了解了"让中国的大飞机翱翔蓝天"的科技中国梦。最后，大家观看了习近平总书记视察中国商飞和 C919 首飞成功的影像资料，进一步深入学习了习近平总书记在视察中的讲话精神。

这次航空航天节期间，学校师生多次走出校园，参加有关活动；学校也多次将航空航天专家请进校园，和师生们面对面交流。特别应该指出的是，4 月 27 日，学校承办了"闵三杯"2019 年上海市青少年航天科普活动。作为航空航天节开幕式的一项内容，来自上海市 9 个区和浙江省嘉兴市共 10 支参赛队 500 多位参赛选手参加了"神鹰"火箭助推滑翔机竞时赛、"东风一号"火箭带降竞时赛、"小力士"火箭伞降竞时赛、"新天鹰一号"自旋翼火箭竞时赛、"飞天梦"火箭伞降竞时赛和"神箭"火箭50米打靶赛、Cansat（易拉罐卫星模型）任务挑战赛等多个项目的角逐。各参赛队员团结协作，精益求精，精心制作，引来专家赞许；现场发射，紧张激烈，精彩纷呈，赢来阵阵喝彩。活动组织出色，学校刚刚建成的苏烨青少年科学院和空天翱翔馆引来市、区领导的称赞。这一切都充分体现了学校创新发展的综合实力。

学校航空航天节举办的过程，既是学校做强办学特色的过程，也是学校提升特色文化、积累奋发荣校的凝聚力的过程。学校航空航天节已经举办了十届，已经积累了一定的经验。本届航空航天节虽然结束了，但学校特色发展的任务却任重道远。让我们在一节一节的课堂教学中，在一次一次的活动中，更加主动、更加勤奋地学习航空航天知识，学习航空航天精神，积淀航空航天文化。在明年的此时此刻，在学校第十一届航空航天节拉开大幕的时候，奉献更多的精彩！

第十一届、第十三届航空航天节，根据新冠疫情防控形势，转移到线上。尽管少了人头攒动的热闹劲儿，但是降低了成本，突破了时空的局限，形式更加灵活多样，能组织"交大—江川"学区初中教育联合体学校学生参与闵行三中的航空航天节，与闵行三中学生一起享受航空航天的嘉年华。

第十二届航空航天节是闵行三中被命名为上海市特色普通高中的首届航空航天节。其间，闵行三中与闵行区内外多所特色高中项目学校进行交流，既让我们回看来时路，与兄弟学校分享经验，又让我们深入思考"后特色时代"如何持续发展。

航空航天节是闵行三中航空航天教育的品牌活动，学校将借助这一平台集聚、培育更加丰富的优质教育资源，助力特色教育健康持续发展；同时，学校也借助这一窗口，辐射航空航天教育优质资源，展现航空航天教育的无穷魅力，吸引更多有航空航天梦想的学生加入闵行三中，追逐翱翔梦，一起向未来。

第二节　有一种文化叫"航空航天教育文化"

校园是一个特殊的空间，因其为育人场所，因此物质属性要让位于文化属性。把校园打造成育人的文化场，使学生置身校园，能潜移默化受到文化的浸润，收到润物无声的教育功效，是我校思考的重要课题之一。

作为航空航天特色学校，起码要有一点航空航天的"样子"，让航空航天的显性元素充溢校园，人们一进校园就能感受到浓郁的航空航天的"味道"。

一、仰望星空的景观文化

（一）"航空航天文化"十景

1. 第一景：仰望星空

"仰望星空"是一架航天飞机在璀璨的星空中穿行，九大行星和无数颗小星星环绕四周，伴夜幕降临，似星河闪烁。立于学校门楼之上，唤起每天进进出出师生的遐想，激励闵三学生志存高远，放飞梦想！

2. 第二景：众志成城

进入校园，就来到一处宣传栏前。宣传栏的五根立柱造型为五枚火箭模型，一字摆开，名为"众志成城"。这象征着"大力协同"的航天精神，期待闵行三中全体师生为航空航天事业的发展团结协作，凝心聚力。

3. 第三景：飞天种子

沿着脚下的"进学路"，再往里走，就来到了"飞天种子"雕塑前。雕塑形似几只手，小心地托起一粒种子。这粒金色的种子是生命的种子、飞天的种子、希望的种子。2011 年，闵行三中的苏烨、王汇盛、严鑫崑等学生采集的四种濒危植物种子随天宫一号进入太空，点燃了闵三学生的航空航天梦想，激发起一批教师的创造激情，闵三航空航天教育从此星火燎原。这是闵行三中的主题雕塑，立于校园，以彰闵三学生尊重生命之情怀、仰望星空之境界。

4. 第四景：逐梦苍穹

操场司令台的立柱是一枚高约 11.2 米的长征四号 B 运载火箭模型，是上海航天设备制造总厂按照 1：4 的比例制作并赠送我校的。它矗立在司令台上，每当举行升旗、集会等活动，全体师生面向它时，内心总会升腾起无穷的、向上的力量。

5. 第五景：一飞冲天

致远楼前宣传栏的上面像一条笔直的飞机跑道，跑道尽头，一架飞机头部已经拉起，展翅欲飞。它象征着闵行三中正如这架飞机，在航空航天教育的轨道上快速滑行，蓄足动力，一飞冲天。

6. 第六景：信念如磐

这是一块纹理致密、岩性坚硬的泰山石，喻示着闵行三中发展航空航天教育，促进学生全面而有个性的发展，坚定不移，信念如磐。

泰山石赋

百岳之范，巍巍泰山；岱宗之石，气度非凡；娲神炼之，以补苍天；含情蕴理，莘莘大端。奇哉妙哉，至尊至简！伟哉美哉，万古流传！

撷其一爿，驻我校园；钟灵毓秀，天成浑然；敦品有道，启慧无言；坚贞似玉，屹立如磐；不为名达，不求位显；谦和沉静，困而弥坚！

蓄"石"待发，昭告闵三：中华复兴，任重道远；莘莘学子，不负华年；孜孜矻矻，朝夕不倦；竭诚尽力，国泰民安；延颈企踵，志博云天！

（闵行三中教师　鲍云峰　王全忠）

7. 第七景：遨游太空

启慧楼、乐群楼前宣传栏的中间支撑主体分别为天宫一号、天宫二号空间实验室的实验舱造型，两翼是展开的太阳能帆板。昭示着闵三学生蓄满能量，展翅翱翔。

8. 第八景：鹰隼试翼

启慧楼前的这架真飞机是"初级教练机-6型"。一架"初教-6"飞入校园中，激扬出闵三学生志在蓝天的渴望，憧憬着雏鹰展翅的梦想。

9. 第九景：动力之源

这是一台火箭发动机，是我校共建单位——上海航天技术研究院存放于我校的代展品。它置于致远楼大厅，为师生每天的学习生活注入强大动力。

10. 第十景：蓄势待发

这枚长征五号运载火箭模型是上海航天设备制造总厂按照1∶10的比例制作完成后赠送我校的。长征五号是中国新一代运载火箭，是国内目前最大推力的火箭。中国天宫空间站、北斗卫星导航系统、探月三期工程及其他深空探测的实施都将使用长征五号运载火箭。它矗立大厅，蓄势待发，激励闵三师生欲穷千里，更上层楼！

（二）无处不在的航空航天文化元素

学校将古今中外杰出的航空航天科学家、工程师，英雄飞行员、航天员，以及主要航空航天器制作成图文并茂的精美展板，悬挂在教室外墙，每层楼一个主题。在教学区走一遍，就如同遨游在航空航天知识的海洋中。

致远楼六楼创意工坊、十楼苏烨青少年科学院、十一楼空天翱翔馆宽敞的走廊两边连成一体，既具体介绍了各专门场馆课程、学生活动、研究成果和指导教师，又整体呈现了各楼层不同功能。置身其中，仿佛经历一场航空航天的探索之旅。

空天翱翔馆的几十页大幅窗帘，我们也花了一番心思，把它做成每个功能区的名片。序厅：嫦娥奔月、万户飞天；实物展示区：中国航空之父冯如、现代航空之父莱特兄弟、中国航天之父钱学森、现代航天之父布劳恩；虚拟现实区：VR的那些事儿、VR实现你的宇航员梦、VR助力国产大飞机C919；原理诠释区：最古老的热气球孔明灯、牛顿的地球大炮、齐奥尔科夫斯基的球形飞船、戈达德的月亮火箭、苏联火箭之父科罗廖夫；创新创客区：第一位上天的航天员加加林、第一位登月的航天员阿姆斯特朗、中国第一位进入太空的航天员杨利伟；模拟体验区：中国新一代长征火箭图谱、中国的神舟系列飞船、中国天宫空间站、中国的大飞机 C919、最美的"胖妞"运 –20、厉害了我的歼 –20。

学校还特别布置了一间"飞行梦想教室"，把教室的门改造成飞机舱门造型，用蓝天白云背景的彩膜装饰教室的屋顶。黑板两侧是可以遥控升降的航图，室内衣柜、室外鞋柜专门用于存放班级学生的机长制服、帽子和皮鞋。走廊墙面是考取航空航天院校的历届校友。

无处不在的航空航天显性文化，既是浸润，也是召唤。期待更多有志于航空报国、航天强国的热血青年从这里走出。

二、激荡梦想的场馆文化

（一）场馆与课程

航空航天创新实践场馆是学生的航空航天文化体验中心、科普学习中心、工程实践中心、科技创新中心。根据各场馆设施设备功能和学校现有师资条件，从基础学科与航空航天教育的关联切入，朝着多学科融合发展。努力将闵行三中航空航天创新实践场馆建成航空航天爱好者创新实践中心、航空航天科普教师培训中心和上海市青少年航空航天科普活动示范基地、上海市青少年爱国主义教育基地、国防安全教育基地，充分发挥创新实践场馆的知识普及、人文教育、实践创新和社会服务功能。

表 5-2　闵行三中航空航天创新实践场馆及场馆课程一览表

主题	场馆名称	课程名称	涉及学科
六楼创意工坊	1. 科普长廊； 2. 金艺工坊； 3. 木艺工坊； 4. 3D 打印创新实验室； 5. 研究性学习专用教室； 6. 技术工坊； 7. 地理专用教室	1. 有趣的科学现象； 2. 金属航空航天器设计与制作； 3. 木艺航空航天器设计与制作； 4. 航空航天模型结构探究； 5. 研究性学习指导； 6. 电路设计与搭建； 7. 空间地图制作	科技、信息、劳技、地理、研究性学习等

（续表）

主题	场馆名称	课程名称	涉及学科
十楼苏烨青少年科学院	1. 航空航天 STEM 空间； 2. 濒危植物保护创新实验室； 3. 卫星测控创新实验室； 4. 模拟飞行驾驶体验室； 5. 机器人创客空间； 6. 创技遥控飞行实验室； 7. 智创无人机实验室	1. 航空航天 STEM； 2. 太空植物组织培养和水培种植； 3. 人造卫星组装与测控； 4. 模拟飞行驾驶； 5. 太空机器人； 6. 遥控飞行； 7. 无人机	生命科学、信息、科技、劳技、综合等
十一楼空天翱翔馆	1. 走进航空航天； 2. 科普知识区； 3. 实物展示区； 4. 虚拟现实区； 5. 原理诠释区； 6. 设计制作区； 7. 体验互动区	1. 航空航天教育在闵三； 2. 航空航天科普微课； 3. 航空航天器； 4. 飞越地球； 5. 航空航天原理； 6. 航空航天器制作； 7. 航空航天器操作体验	语文、政治、历史、地理、物理、信息、劳技等

（二）管理与评估

创新实践场馆是以学生为中心、实施学校特色课程的新型学习空间，是支持个性化学习、强化实践和体验、培养学生创新兴趣、开发创新潜质的平台。创新实践场馆为师生和学校发展而建。为了更好地管理与使用好创新实验室，发挥更大效益，我们制定了《闵行三中创新实践场馆管理与评估方案》（以下简称《方案》）。

《方案》明确了建设目标，把闵行三中创新实践场馆建设成校本课程开发基地、学生创新素养培育工场、教师本体知识生长平台、优质教育资源辐射中心。

《方案》确立了管理和运行机制，学校设创新实践场馆馆长 1 名（享受教研组组长津贴），将创新实验室整合为四大平台，即航空航天人文平台（5 个馆）、航空航天科普平台（7 个馆）、航空航天技术平台（5 个馆）、航空航天工程平台（7 个馆），各设平台主任 1 人（享受备课组组长津贴）。每个创新实验室各设教师研究员1人（按照实际开放时间予以课时津贴）、学生助理研究员1名。馆长、主任、研究人员组成管理团队，负责门禁管理、按时开放、学生打卡、接待解说、安全卫生和记录检查。

《方案》建立了创新实践场馆的考核指标体系。依据上海市、闵行区教育主管部门的相关评估指标，结合闵行三中实际，建立创新实践场馆的使用、管理、绩效评估指标体系。

表5-3 闵行三中创新实践场馆的评估指标

项目	指标	分值
目标理念 （15分）	创新实验室建设目标明确，与学校育人理念和办学特色相融合	10分
	学校创新实验室面向全体学生	5分
项目建设 （15分）	环境整洁、安全，能为学生创设良好的创新氛围和实验条件	5分
	按照立项申报的主题、内容和时间节点开展建设，目标达成度高	5分
	按照立项设备清单完成设施设备配置并投入使用	5分
保障措施 （20分）	创新实验室管理制度健全并有效运行	5分
	设施设备具有安全性、科学性、实践操作性，设施设备支持课程实施	5分
	重视实验室师资配置，人员稳定，职责明确，有考核评价和激励机制	10分
课程实施 （50分）	创新实验室课程设置科学、合理、丰富，满足不同阶段学生发展的需求	10分
	课程常态化实施，实验室使用率高	10分
	教学形式多样，为学生提供多种学习经历	10分
	有课程读本或配套教学资料等	10分
	有教学效果呈现，有对学生的评价	10分
创新与特色 附加分 （15分）	有一定独创性、前瞻性和时代性等特点	5分
	有师生基于创新实验室的研究成果、实践活动或教学课例，以及师生参与活动和相关获奖情况	5分
	创新实验室优质资源供集团、学区共享，进行展示与辐射	5分

（三）辐射与影响

闵行三中创新实践场馆有完善配套的设施设备、个性鲜明的航空航天课程、热心特色教育的师资队伍。如何发挥好示范辐射作用，并在更大范围内惠及更多学生，是航空航天创新实践场馆建成以后需要思考的方向。刚开始的几年，学校定期对外开放，接受周边幼儿园、中小学预约参观。在接待参观的过程中，总觉得"走马观花"似的参观，没有充分发挥场馆课程的育人功能。学校也策划举办过航空航天夏令营，但是，由于运作成本太高，收费管理严格，举办过一届就停下来了。正当一筹莫展之际，中央精神文明建设指导委员会办公室、中华人民共和国教育部、上海市精神文明建设委员会办公室、上海市教育委员会和闵行区精神文明建设委员会办公室、闵行区教育局推出了"城市学校少年宫"建设举措。于是，学校积极向教育主管部门提出申请，2021 年建成闵行三中"星空"学校少年宫，于 2021 年暑期迎来了首批学员，并为学员量身定制了"播种空天梦想"课程方案。

2021 年暑期闵行三中"星空"学校少年宫课程方案

一、课程目标

1. 了解航空航天发展历史，感悟英雄飞行员、航天员和科学家的精神力量，树立"航空报国""航天强国"的志向。

2. 体验航空航天文化，学习航空航天知识，学会航空航天器模型设计与制作、操控与飞行等基本技能。

二、课程内容

1. 人文知识类：走进航空航天、神舟讲坛（各 1 课时）。

2. 设计制作类：设计制作飞机模型、火火箭模型、水火箭模型（各 2 课时）。

3. 飞行操控类：模拟驾驶、无人机、遥控飞行、VR 沉浸式体验（各 2 课时）。

根据学生在少年宫的时间长短，选择课程模块。半天为 4 课时，全天为 8 课时。

三、课程实施

1. 神舟讲坛课程由闵行三中校外辅导员和闵行三中师生共同实施。

2. 走进航空航天参观体验课程由闵行三中师生志愿者实施。

3. 其他课程主要由闵行三中航空航天特色课程教师组织实施。

四、课程评价

1. 人文知识类课程评价通过互动答题，检查学生的了解情况与感悟。

2. 设计制作类课程通过实物展示评比和个人陈述来评价。

3. 飞行操控类课程通过相关技术标准（如飞行时间、距离）来评价。

4. 通过学生守时守纪、合作意识等表现，对学生进行综合评价。

（闵行三中教师　朱超）

三、打开眼界的研学文化

（一）带着课题去旅行

在上海市乃至全国的中学里面，闵行三中航空航天教育的硬件设备和教育资源应该说是比较丰富的。但是，我觉得还不够，应该把学生"放出去"，到更广阔的天地中去开眼界、拓思路、见世面。

2018 学年第一学期期末考试一结束，学校就组织高一、高二年级学生分两路赴江苏、贵州开展以航空航天为主题的研学活动。行前的培训会上，我这样寄语学生。

做一个钟情山水的行走者

雨滴梧桐，芳菲烟柳。沉睡已久的心灵即将摇曳焕发，在新一轮的研学旅行中重燃生机。走进平时从未访寻的地点，品味每一个角落的色彩斑斓，用脚步丈量祖国的每一条山川河流，是时候放下书本，走进围墙外的课堂，去唤醒藏在心中的梦想和悸动。

读万卷书，行万里路，这是我们研学旅行设计的初衷，是贯穿古今的一种学习方式。我们的祖先早在远不发达的闭塞时代就意识到实践探访的重要性。山川之形势、道理之远近、风俗之厚薄，这是读遍万卷书的文人志士发出的至深感悟。走出校园，走入大千世界，亲身感受体会自然的魅力、人文的气息、真实的社会，才会深刻了解周遭生活的一切。

于大家而言，旅行的意义在于探索未知，发现不一样的自己，找寻和这个世界的联系。走过古都古城里悠闲吆喝的小贩，探访雄奇险峻、远居深山的村落小镇，叩问沉睡千年、沉淀历史的远古遗迹，听说朴实稚嫩、鲜活灵动的市井故事……在不同的角落、不同的地点、不同的文化底蕴里，感受平常看不到的色彩，经历与众不同的事物，接触各个领域的有趣之人，收获思考带来的平凡和感动。

正值读书的我们，也许演算过复杂的推理，辩论过难解的证题，学习过先进的理论，只有当带着书中的问题走入现实世界，真正动手实践、调研考察时，才是探索科学、了解未知的第一步。和身边的小伙伴们碰撞思维、查阅资料、假设验证、磋商沟通，将点滴思绪汇集于文字论证，才会在一次次尝试发现中获得新突破，在团队的协同配合中感受友谊陪伴的力量，用这一段经历逐渐扩大人生的视野半径。

当接触了不同的人，欣赏了异域风景，感受了不同的生活，我们才明白风景与现实并存，光明中依旧暗流涌动，太多的角落需要我们去挖掘、思考，需要青年人大胆地尝试、开拓，勇于发出自己的声音、开展力所能及的行动。那些看似青涩的想法、略显稚嫩的方案，都是我们为社会、为世界、为周围人更幸福的生活付出的智慧、汗水和改变。这些经历必将指引我们一步步向更广阔的社会迈进，向更复杂多变的世界展现我们的担当。

这是青年人的胸怀和责任，也正是行万里路的动人魅力。

徐霞客一生志在四方，足迹遍及21个省市自治区，"达人所之未达，探人所之未知"。只把徐霞客当作"游圣"来供奉，是一种误读；只把《徐霞客游记》当作文学作品来欣赏，是一种浅读。徐霞客首先是科学家，是在地质学、地理学、生态学领域都有独特发现、突出贡献的科学家。求是态度是他的内涵，批判思维是他的品质，他是中国古代科学精神的集大成者。他是钟情山水的行走者，开创了知识分子的新活法。让我们也在行走中了解身边真实发生的世界，看到祖国各地的发展变化，感受思考和解决问题带来的力量，开拓社会青年、世界青年的边疆。

相信归来时，我们将收获满天的星辉，再回到课堂时，一定有新的收获和体会。行万里路，读万卷书，未来呼唤我们再出发。

（闵行三中教师　王全忠）

让我们跟随两路研学队伍，去感悟他们丰富的活动、丰润的心情、丰实的收获。

品金陵古韵 创科技梦想——南京研学活动

【学生研究课题】

1. 底泥内源磷的分级提取及分析研究。

2. 利用荧光显微镜观察浮游生物，并对其进行分类鉴定与计数。

3. 南京城市水体细菌数量差异及健康风险研究。

4. 利用改性给水厂废弃泥控制湖泊沉积物磷释放的潜力研究。

5. 南京市玄武湖水体富营养化研究。

6. 生物群落对湖泊环境变化的相应——以硅藻、摇蚊为例。

7. 南京市区典型河流和湖泊溶解有机质的光降解过程比较研究。

【研学日程】

第一天　中国科学院紫金山天文台（天文学）

参观中国最著名的天文台，中国自己建立的第一个现代天文研究机构。了解天文观测历史上最重要的三件国宝级文物：圭表、浑仪、简仪，并了解它们背后的故事。参观陨石展厅，学习陨石产生、鉴定、识别的知识。参观紫金山天文台天文观测室，了解学习现代光学望远镜的结构和观测相关知识（上山需步行40分钟）。

第二天

上午：南京博物院（中国史—中国古代史；社会学—民俗学；考古学—文化遗产与博物馆）

走进集人文、工艺、自然于一体的中国三大博物馆之一南京博物院，感受江苏古代文明和非物质文化遗产的精髓和魅力，欣赏名师大家的艺术作品，体味不同文化艺术之间的交流融合，走进场景化的民国街道，感受民国时期的市民生活。

下午：中国科学院南京地质古生物研究所（地质学—古生物学）

中国科学院南京地质古生物研究所是目前我国唯一从事古生物学（古无脊椎动物学与古植物学）和地层学研究的专业机构。走进研究所，在专家的讲解中了解早期生命起源与演化、海洋生物演化及其机制和地层层型、后层型研究及其应用等地质古生物学知识，聆听科学家们对最早带羽毛的恐龙"中华龙鸟"、第一朵花"辽宁古果"和多类群昆虫起源的研究进展，并完成相关课题任务。

晚上："十里珠帘"夫子庙—秦淮风光带（社会学—民俗学）

夜游秦淮河夫子庙风光带，感受古都南京的民俗风采。

第三天　中国科学院南京分院（综合学科）

上午：在中国科学院南京分院各个研究所专家老师的带领下，分组开展不同的课题研究活动，包括研究所实验室介绍与参观、实验仪器设备操作学习、文献检索方法学习、文献阅读技巧学习、实验课题初步设计和开题。

下午：分组进行课题分享交流。

第四天　中国科学院南京分院（综合学科）

学生们在专家老师的带领下分小组进行科研课题研究，如进行实验、数据采集和记录、数据统计和分析、小组讨论结果和结论分享、重复实验操作、分析误差原因、得出结果和结论、撰写课题答辩PPT。在老师的指导下，完成课题答辩汇报，小组分享并探讨得到的课题成果，邀请专家进行专业点评。

第五天　民国盛世之兴衰——南京总统府（中国古代史和中国近代史；建筑历史与理论）、追寻梦里的似水流年——江宁织造府（文学—中国古代文学）

走近中国近代的历史时光隧道，了解明清汉王府、清朝两江总督、太平天国天王府、民国时期临时大总统府、国民政府政权的更替和历史的变迁；参观中国近代建筑遗存中规模最大、保存最完整的建筑群，感受风格迥异的时代建筑。

走进江宁织造府，欣赏元明清时期的华美云锦珍品，感受曹雪芹的红楼文化底蕴。

（节选自《2020年上海市闵行第三中学科技英才贵州·南京科学探索活动
成果汇编》）

另一路赴贵州研学，时间也是5天，行程从略，让我们一起去领略他们的特色活动。

感受"高新"科技，解密"智慧"贵州

【学生研究课题】

1. 用盐酸萘乙二胺分光光度法测大气中氮氧化物的含量。

2. 金矿石矿物鉴定与探究。

3. 西南喀斯特地区石灰土可溶性有机质紫外—可见光谱特征研究。

4. 连续化学浸提法识别典型地区表层土壤中汞的形态分布特征初步研究。

5. 西南喀斯特小流域河流无机碳通量计算及分析。

6. 应用冷原子荧光法初步探究亚硒酸盐、改性生物碳对汞污染水稻土壤的修复能力。

一、走进中国大科学装置——了解科技前沿，感受科学魅力

走进 FAST，了解其建造的背景知识和所涉及的工程知识。激发学生们对大科学装置的兴趣，提升民族自豪感。

二、"导师制"的真实科研体验——探究科学知识，提升科学技能

走进中国科学院地球化学研究所，完整地学习研究科研课题的整个过程：开题报告—背景资料准备—建立命题及其假设—小组讨论—出实验结果—结题报告和汇报展示。每一个环节都将由学生自己去学习、探索和处理。

三、科研一线直面专家——树立科学理想，明确专业方向

在 FAST 聆听"从青丝到白发"的南仁东先生的历程，在研究所与科研一线专家面对面交流，体验科学研究的严谨与坚守，树立科学理想。

四、多学科多角度融合——多维度立体了解黔东南

绿色生态主题：在亚洲最大的瀑布——黄果树瀑布，学习喀斯特地貌中的侵蚀裂典型瀑布；历史主题：罗瓮布依寨深度探索，青岩古镇历史追溯，感受贵州厚重的文化底蕴。

五、优秀辅导员——全程保障研学进程

全程由优秀辅导员团队作为领队支撑，开展科学营活动，与学员分享自己的科学故事，保障研学安全。

六、专业科学探索手册——记录学员学习成果

配备《科学探索活动手册》，对学生课题探究进行指导，记录学生科学之行

的收获点滴，保证学生出行安全。

（节选自《2020年上海市闵行第三中学科技英才贵州·南京科学探索活动

成果汇编》）

中小学生研学旅行是由教育部门和学校有计划地组织安排，通过集体旅行、集中食宿方式开展的研究性学习和旅行体验相结合的校外教育活动，是学校教育和校外教育衔接的创新形式，是教育教学的重要内容，是综合实践育人的有效途径。

近年来，闵行三中在初高中学生研学旅行方面做过一些尝试和努力。2016年暑假，第一次启动了"海外研学"之旅；2018年、2019年暑假，与安徽泾县培风初级中学联合开展了研学旅行活动。但是，由于参加人员不多、缺乏专业指导，此次研学旅行活动没有收到预期效果。究其原因，主要存在思想认识不到位、协调机制不完善、责任机制不健全、安全保障不规范等问题。

2016年11月30日，教育部等11部门印发《关于推进中小学生研学旅行的意见》，为基层学校开展研学旅行提供了政策支持。2018年12月23日，由教育部中学校长培训中心、黄山市教育局主办的首届黄山研学旅行与育人模式创新研讨会在黄山市城市展示馆举行。我有幸作为演讲嘉宾，以"学在行旅，乐在研途"为题，与沪、皖两地校长分享了闵行三中与安徽泾县培风初级中学手拉手研学旅行活动的实践与思考，并与校长同仁进行了面对面交流。通过经验交流、思维碰撞，我对研学旅行活动有了更加深入的思考。

（二）用课程思维设计研学旅行

1. 全面理解研学旅行活动的价值与意义

研学旅行是落实立德树人根本任务、改善学生学习方式、发展素质教育的重要形式。

学生在研学旅行中能真切感受祖国大好河山、感受中华传统美德、感受革命光荣历史、感受改革开放伟大成就，激发对党、对国家、对人民的热爱之情，增强对坚定"四个自信"的理解与认同。

学生在研学旅行中学会动手动脑、学会生存生活、学会做人做事，促进身心健康、体魄强健、意志坚强，形成正确的世界观、人生观、价值观。

学生在研学旅行中能学用结合、学会适应、开阔眼界、增长见识,着力提高他们的社会责任感、创新精神和实践能力。

2. 顶层设计研学旅行的目标与任务

带着课题去旅行,每位学生完成一份高质量的研究(探究)性学习报告,改善学生的学习方式,发展学生的科学思维。

从研学旅行中发现有研究价值的课题和有研究潜质的学生,进行跟踪指导,推荐参加上海市青少年科技创新大赛和"明日科技之星"评选,切实推进学校的科技创新教育。

原则上,每个课题组(5人左右)配一名校内指导教师全程陪同研学旅行,切实保障学生安全,切实提升教师的研究(探究)性学习指导力。

3. 切实强化研学旅行的措施与保障

(1)提高认识,形成合力。要充分认识到研学旅行对完成研究(探究)性学习报告、改善学生学习方式、培养学生的科学人文精神、发展学生的创新思维和动手实践能力有切实帮助。学校将研究性学习课时集中使用,放在期中或期末考试后一周,并且纳入学校课程计划,予以时间保障。要向家长讲清楚研学旅行属于学校教育教学的重要组成部分,争取家长的理解和支持。

(2)尊重意愿,自主选择。学校倡导并鼓励学生将研究(探究)性学习与旅行相结合,但不强迫学生和家长必须参加。对于不能参加外出研学旅行的学生,学校组织教师、聘请专业人员,指导学生在校内、市内进行研学,供学生和家长选择。

(3)统筹协调,加强指导。学校精心遴选研学路线成熟、研学资源丰富、指导团队强大的专业机构承接研学旅行服务,确保师生行旅安全,研有收获。学校科学制定研学旅行评价方案,指导研学旅行朝着健康方向发展。

表5-4 闵行三中学生体验式"研学课程"评价量表

评价阶段	教师指导	学生学习	学生学习评价方式
行前:获取间接经验	方式多元,如通过讲座、视频、网站、学生作品等方式,了解知识及知识的形成过程,调动学生的积极性	1. 了解知识要点; 2. 知道知识的脉络及形成过程; 3. 明确自身要关注的重点知识	可以通过学生的学习状态、学案学习、学习任务规划等进行评价

（续表）

评价阶段		教师指导	学生学习	学生学习评价方式
行中： 获取直接经验		1．活动形式与场馆资源和环境契合； 2．活动内容指向课程目标； 3．活动方式有趣； 4．观察学生状态，适时进行指导	1．多感官观察、感知环境； 2．识别和辨析情境中的多种信息； 3．理解情境中的各种信息及关系，提出问题	可以通过学生的体验状态、参与程度、是否提出有价值的问题、学案学习等进行评价
行后： 整理经验	对经验本身进行概括及提升	1．用适当的形式激活学生的体验； 2．组织不同经验的深度交流； 3．诊断并指导学生完善自己的经验	1．对信息进行处理，形成观点和作品； 2．分享自己的观点和作品； 3．吸纳他人的观点和作品，完善自己的经验	可以通过学生的作品、参与程度和学案学习等进行评价
	对学习过程与结果进行评价	1．构建学习过程及结果的评价标准； 2．比较不同价值观，进行归纳与总结，适切指导学生的评价	1．依据标准对自己和他人作出适切评价； 2．对评价标准能提出个人见解	可以通过学生表达交流、参与程度、对标准修改完善的贡献度等进行评价
应用 检验经验		适时指导学生应用	1．将自己的经验应用于新的情境； 2．有意识地进行思考，完善自己的经验	可以通过学生的实践参与、交流表达、作品等进行评价

（4）精心组织，确保安全。学校选派责任心强、与研学主题关联性强的学科教师担任指导教师，与研学服务机构人员共同负责学生的安全工作。教师费用由学校承担。支持有条件、有意愿的家长与孩子一同研学，学生及家长费用自理。

四、探幽览胜的平台文化

为了拓展学生的学习时空，随时随地切换、链接航空航天学习场景，学校在网络空间再造了一个"空天微校"智能学习系统,以满足更多的学生选择学习的需求。

(一)"空天微校"的内容与结构

1. "空天微校"场景特色化架构

按照心目中"未来学校"的状貌,运用航空航天元素来架构"空天微校"的学习空间。选择"日—地—月"来定义"空天微校"智能化学习系统的首页界面:以地球为"空天文化"体验场,以太阳为"逐梦空天"课程群,以月亮为"空天素养"成像馆。

脚踏在闵行三中这片教育土地上(行走课程),追随太阳汲取力量("逐梦空天"课程),太阳光投射到月球上成像(学生个性画像)。架构起"文化浸润—专题学习—伴随评价"相关联的线上航空航天教育特色课程推送、学习、管理、评价平台。

2. "空天微校"模块结构化设计

(1)"空天微校"体验场栏目设计

【航空航天文化微景观】校园"空天文化"十景,走廊、窗帘、橱窗等航空航天文化宣传版面,航空航天教育创新实践场馆,航空航天文化社团。

【航空航天新闻微报道】转载国内外最新报道,发布学校相关活动报道。

【航空航天实践微体验】上传个人参加航空航天教育活动成果,如感悟文字、创意方案、创意作品、研究性学习报告、读书心得、观影感受、研学报告。

"空天微校"体验场,让学生置身"空天文化场",比较全面地了解航空航天人、航空航天事、航空航天器、航空航天史、航空航天事业在国家强盛民族复兴中的地位和作用,从而激发学生对航空航天事业的热爱与追求。

我们将闵行三中"航空航天文化"实景高仿真地呈现在"空天微校"中,让人身临其境、移步换景、体验学习。将"网上行走"与"互动答题"相结合,学生在网上游走,边参观、边学习。

学生点击平台主页"地球"图标,进入"空天微校"体验场,每参观完一个景点、看过一处宣传、走过一间场馆、读完一则报道,都会出现一道航空航天知识题,答对得分,累积得分。同时,随时可将个人参加航空航天教育活动的感悟文字和日常积累的创意方案、创意作品、研究性学习报告、读书心得、观影感受、研学报告等成果传至网上，作为"空天素养"发展评价的依据。

（2）"逐梦空天"课程群栏目设计

【生涯与规划】航空航天院校与专业概览、播种空天梦想。

【历史与人文】神舟讲坛、航空航天英雄谱、太空探秘。

【材料与科学】文·化之恋、太空植物组织培养和水培种植、航空航天原理诠释、设计思维、航空航天STEM。

【交通与通信】空间地图制作、仪表与导航、航线与飞行、"星"耀韶华——人造卫星的探索与应用。

【机械与模型】机器人创客、航空航天模型结构探究。

【航宇与飞行】模拟飞行驾驶、遥控飞行、无人机、火箭模型制作与发射。

六大领域课程："生涯与规划"从"航空""航天"两个方向，导引发展路径；"历史与人文"从历史纵深和人文底蕴方面，导引责任担当；"材料与科学""交通与通信""机械与模型""航宇与飞行"从成长需求的维度提供滋养，这四大领域课程分别侧重培养科学家、战略指挥家、工程师和设计师、飞行员和宇航员。通过学生选择和修习课程的权重，为学生职业规划提供指导。我们逐步将上述课程制作成微视频课程上传至"空天微校"，供学生在线学习。

学生点击平台主页"太阳"图标，即进入"逐梦空天"课程群，进行专题学习。平台记录学生课程学习科目和时长，当学生学完该门课程、达到时长要求后，进入课程评价页面，完成课程评价，即可获得该门课程的学分。将"课程学习"与"课程评价"相结合，实现"教师—课程—学生"的互动发展。

（3）"空天素养"成像馆

"空天素养"成像馆全面记录了学生在线学习数据，为学生"空天素养"发展状况画出"数字画像"，进一步印证学生的生涯认知和生涯选择。

学生点击平台主页"月亮"图标，即进入"空天素养"成像馆，不仅能查看本次网上行走时"互动答题""成果上传"积分和专题学习时"学习时长""课程评价"积分，还能查看累计积分。

我们力争把"空天微校"建设成一个无边界的网络学校，让丰富的、优质的航空航天教育资源惠及闵行、上海乃至全国更多的孩子，助力他们"圆梦空天"。

（二）"空天微校"的功能开发

【用户分类】系统管理员、管理员、教师、学生。

【菜单功能】系统管理（教师管理、角色管理、学生管理）、阅读管理（编辑发布、查看记录）、在线阅读（含留言评论）、答题管理（编辑发布、查看评阅）、在线答题、积分管理、个人中心（我的信息、我的积分、密码管理）、平台使用情况（访问量、查阅统计、答题统计、积分统计）等。

【分期开发】

一期工程主要包含系统管理、在线阅读系统（不含留言评论）、在线答题系统和常用的个人中心功能。

二期工程主要包含积分管理（涉及登录、阅读、留言评论、答题等多个模块）、留言评论（在线阅读），学生用户可以看到自己的积分记录。

三期工程主要包含统计分析（平台访问情况记录及走势图、阅读留言情况统计图、答题情况统计图、用户积分情况记录及统计）。

第六章

远航：一项突破与一点思考

突破高中育人方式固化的藩篱。闵行三中将"空天素养"培育融入学生核心素养培育体系，整体提升育人质量；学生按兴趣分类走班，教师按专业分科走班，二元互补，优化教学组织管理；地理维度、专业维度、出口维度"三维一体"，整合特色教育资源，拓宽学习渠道。克服"唯分数""唯升学"倾向，扭转片面应试教育倾向，大力发展素质教育。

"后特色高中"时代学校如何发展？坚守高中学校教育本质属性，面向全体学生，"多样性""有特色"和谐共生，实现学生全面而有个性的发展。走内涵发展、高质量发展之路，让特色彰显特质，从优秀走向卓越，是闵行三中的未来追求。

突破，成就了特色普通高中；思考，让我们在发展特色普通高中的道路上越走越远。

第一节　高中育人方式的优化

普通高中阶段教育不仅连接义务教育和高等教育，还贯通教育世界、职业世界和社会生活世界，在人才培养中居于承上启下的关键地位。同时，普通高中阶段也是学生个性发展、人格塑造的关键时期，对学生的终身发展具有奠基作用。然而，传统普通高中阶段的育人方式还不能适应普通高中学段的地位和作用。重"育分"轻"育人"，学生的家国情怀、理想信念比较淡薄；"大一统""满堂灌"，教学组织形式和学生学习方式比较单一；"题海战""轻实践"，教学方法和教育资源相对匮乏。闵行三中航空航天特色教育直击弊端，通过"育空天素养，树时代新人"，固立德树人根本；通过学生按兴趣分类走班，教师按专业分科走班，破教学过程固化；通过整合社会资源，拓宽学习渠道，补素质教育短板，优化了育人方式，促进了学生全面而有个性的发展。

一、"空天素养"："一以贯之"的育人主题

"空天素养"是综合素养，核心是家国情怀、工程思维和工匠精神。闵行三中将"空天素养"培育融入学生的学习生活，贯穿学校的教育生活，使之成为学校一以贯之的育人主题。

（一）课程教学渗透"空天素养"培育

课堂是学校教育的主阵地。在这个主阵地中，学校牢牢抓住必修课程和选择性必修课程两大板块，出台《闵行三中国家课程渗透航空航天教育实施方案》，将"空天素养"培育渗透国家课程，备课组将此作为集体备课的核心点，教研组

将此作为教学研究的关键点，教学管理人员将此作为听课评课的观察点。每学年，学校举行一届"空天杯""尊重学堂"大奖赛，集中检验国家课程渗透航空航天教育的成效。长期坚持不懈地实践，强化了教师渗透实践的意识，提高了教师融合实践的能力，增强了教师学科育人的动能。

我以化学教师赵泉波时隔多年对同一教学内容的处理为例，带领大家感受航空航天知识融入课堂教学带来的变化。

氧化还原反应

一、目标预设

2013 年，情感态度价值观目标设定为增强学生合作意识。

2020 年，情感态度价值观目标设定为感悟化学家和航天科学家为科学献身的执着精神。

二、引入新课

2013 年，以苹果氧化、金属生锈、茶水变色等与生活紧密相关的现象为例，引出氧化还原反应。

2020 年，以航天器材料的冶炼、推进剂的燃烧、太空中宇航员的生活环境、航天器的工作四个场景作为载体，引出氧化还原反应。

三、例题编制

2013 年，课堂例题：

实验室制取氯气的反应为 $MnO_2 + 4HCl \xrightarrow{\triangle} MnCl_2 + Cl_2\uparrow + 2H_2O$。

反应中的氧化剂是_____，若有 0.4mol HCl 参加反应，做还原剂的 HCl 有_____mol？

2020 年，课堂例题：

例题 1：金属的冶炼

金属钛（Ti）是重要的航空航天材料，Ti 可以用 TiO_2 与 Si 共熔制取，反应的化学方程式为：$TiO_2+Si=SiO_2+Ti$。该反应中的氧化剂和还原剂分别是什么？

例题 2：航天生存环境

宇航员在太空舱中呼吸的氧气来自水的电解。航天器太阳能面板发电装置所发的电，将水电解而得到氢气和氧气。氢气可以用作燃料，将所得的氧气与站内罐装的相对惰性的氮气相混合，可用于航天员呼吸。原理为 $H_2O = H_2\uparrow + O_2\uparrow$。

其中，氧化剂是_____，还原剂是_____。

四、作业设计

2018 年，参加上海市作业设计大赛，编制的习题如下。

2017 年 4 月 20 日 19 时 41 分，伴随着振聋发聩的轰鸣声，长征七号运载火箭载着天舟一号划破天际，冲向云霄。长征七号采用无毒无污染的液氧煤油作为燃料，燃烧产物只有水和二氧化碳，秉承了中国航天绿色环保的发展理念。2017 年 4 月 22 日 12 时 23 分，天舟一号货运飞船与天宫二号空间实验室顺利完成首次自动交会对接，为空间站的建造奠定了基础。

以上述内容为背景，设计了 5 道题，选择题、填空题、计算题、问答题、拓展题各 1 题。内容涉及热化学知识、能量的转化、燃料的燃烧、环保等问题。

五、综合复习

2013 年，复习氧化还原反应，选编大量现成习题供学生训练。

2020 年，复习氧化还原反应，将习题放入航天知识背景中精心改编。

例：已知肼与 F_2、NO_2 反应的热化学方程式分别为：

$N_2H_4(g) + 2F_2(g) \rightarrow N_2(g) + 4HF(g) + 1126\ kJ$

$N_2H_4(g) + NO_2(g) \rightarrow 3/2 N_2(g) + 2H_2O(g) + 567.85KJ$

有人认为可用 F_2 代替 NO_2 作氧化剂，你认为好吗？长期使用 F_2、NO_2 等氧化剂有什么问题？从长远来看，航天燃料可选用何种燃料、何种氧化剂？

（闵行三中教师　赵泉波）

赵泉波老师课堂教学的变化，让我们深切感悟到课堂教学融合航空航天知识的无穷魅力。

1. 教学目标：弘扬航天精神，落实核心素养

2013 年的目标预设，更多关注课堂内学生的学习态度、合作意识。2020 年的目标预设，更多关注学生"科学精神与社会责任"等化学学科核心素养，并通过化学家拉瓦锡献身科学的故事和我国航天科学家身上所体现的航天精神的感

人事迹，落实教学目标，潜移默化地树立学生热爱祖国、为国争光的坚定信念，以及勇于登攀、敢于超越的进取意识，科学求实、严肃认真的作风学风，同舟共济、团结协作的大局观念，淡泊名利、默默奉献的崇高品质。

2. 引入新课：创设航天情境，感知知识重要

2013 年，苹果氧化、金属生锈、茶水变色的例子，架起了化学学习与生活的关系。2020 年，航天器材料的冶炼、推进剂的燃烧、太空中宇航员的生活环境、航天器的工作四个场景，引导学生真切地感知航天活动中蕴含的氧化还原反应知识。我国航天事业的辉煌成就激发了学生学习知识的热情，航天强国的梦想为知识学习注入了强大的精神动力。

3. 例题编制：融入航天元素，感悟学习意义

2013 年，赵老师立足基础，结合本单元中所学的卤素知识，给出相关的反应方程式，让学生判断氧化剂与还原剂。这样的设计从掌握知识的角度来说没问题，但是少了知识载体，没有设置情境，不能很好地培养学生的学以致用能力。2020 年的课堂，注重情境创设，并且结合我校航空航天特色，在创设情境方面融入了航空航天元素，让学生在解决实际问题中感悟到学习的价值和意义，有利于保持学生长久的学习热情。

4. 作业设计：根植航天文化，激发学习兴趣

2018 年，赵老师参加了上海市作业设计大赛，根据学校航天文化，大胆设计主题课时作业，从学科角度挖掘航天文化内容，拓展了思维方式的宽度和价值观的高度，体现了化学学科的育人价值。在情境创设方面设计了一明一暗两条线，明线是航天化学、燃料材料和能源供应等，暗线是通过阅读分析、语言描述，来理解热化学方程式、化学反应中的能量变化等基础原理，促使学生通过作业练习形成科学发展观，让学生觉得所学知识是鲜活生动的，是可以学以致用的，有利于激发学生的学习兴趣。

5. 综合复习：巧用航天知识，提高应用能力

一般的复习课都是以知识点为中心，将不同类型的题目对应到相应的知识点中进行训练。这样的复习有一定的针对性，但是缺乏对知识综合应用能力的训练。赵老师在带领学生复习氧化还原反应、化学变化中的能量变化、化学平

衡、原电池与电解池等内容时，以航天知识应用场景为线索，将涉及的化学知识点以体系形式串联起来，让学生在真实情境中解决问题。这样既培养了学生综合应用知识的能力，也让学生体会到化学在航天领域的重要作用。

第三届"空天杯""尊重学堂"大奖赛结果揭晓，刚入职的语文教师柯方萍荣获一等奖。听课结束，我交给柯方萍老师一个任务，请她深入思考语文教学融入"空天素养"培育的路径和价值。柯老师没有让我失望，交给了我一份沉甸甸的惊喜。全文辑录如下。

深耕语文课堂，凸显"空天素养"

通过本次教学实践，我意识到或许不是没有可融入的素材，而是我们的思维还未充分打开，对"空天素养"的理解还太过于狭窄，对将课堂与"空天素养"这一特质的融合还不够自觉。由此，我有以下几点思考。

一、深耕语文课堂，做立德树人的有心人

语文课程作为学校基础课程，具有工具性和人文性统一的特点，既肩负传承中华几千年灿烂文化的重任，又有净化心灵、塑造美好道德的教化作用，对进行德育渗透有着得天独厚的优势。统编版高中语文教材的编写理念中亦强调了最重要的一条——立德树人。在这一层面上，我校带有"空天素养"培育的"尊重学堂"为我们提供了方向，其站位"培根铸魂"，立意"素养培育"，无不彰显了教育之根本在立德树人。然而，"空天素养"的融入亦为我们不同学科进行德育渗透提供了可实施的路径。具体到不同学科又是不同的，就语文学科教学来说，不可避免地要兼顾语文核心素养与立德树人两项目标，这两项目标并不是截然分开、相互独立的，而是相互渗透、相辅相成的，这就要求语文教师要善于从语文教育中挖掘德育资源。

语文教学中的德育资源，一来源于文本，二来源于生活。"空天素养"作为一项重要的德育内容也广泛地存在于二者之中，因此在语文课堂中"空天素养"的培育既要以文为本，适度渗透，解决学生的真问题，又要以生为本，循循善诱，关注学生的真获得。以《江城子·乙卯正月二十日夜记梦》一课的教学实践来说，体悟苏轼真挚的情感源于文本，而感悟王伟深深的家国情怀则源于生活，将二者联系在一起的是他们之间的共通之处——"以情动人"。这就启发我们不仅要充分挖掘二者之中的航空航天因素，还要寻找契合的点，并将二者自然融合。若只局限于文本，就会陷入我这堂课一开始的困境，即对"空天素养"的融入一筹莫展、无计可施，而若只关注生活，将毫无联系的航空航天因素牵强附会，则有刻意拔高之嫌，并不能达到德育的真正效果。要知道任何一门学科中的"德育"都不应该是生硬说教甚至是贴标签，而应该是贯穿各个教学环节的教育行为，即将德育因素寓于教学的全过程。

建设具有"空天素养"培育特质的语文课，要求我们每一位语文教师要深耕语文课堂，做立德树人的有心人，利用有效的课外素材，拓展学习情境，将"空天素养"所包含的"捍卫领空的爱国情怀、亲近太空的飞天梦想、独立思考的思维品格、团队协作的合作意识、刚健有为的人生姿态、文明高雅的审美情趣、精益求精的工匠精神、勇于探索的创新人格"等时代新人所应该具备的素质培养融入学生的语文学习中，引导学生触类旁通、深入研究，把课堂延伸至课外，给予学生学习语文更广阔的空间，让学生获得不仅仅是知识上，更是心灵上的启发，真正做到文以载道，道以显文。通过润物细无声的方式，感染学生，达到德育目的，从而让德育成为一种教育自觉。

总之，任何语文课都是一次生成的，这个"生成"有两个层面的意义：一是"流"，文本解读过程中自身生成进程的连续不断；一是"变"，语言愈是向外部延展，文学的道路愈是增添新的可能性，在这个过程中总会有新的东西破土而出。"空天素养"的融入也使得这种"在途"中的自觉成为一种迟来的礼物。

二、厚植家国情怀，做"逐梦空天"的护航人

依据"尚德、立志、启慧、励行"的育人目标，我校将学校育人目标和航空航天教育目标联系起来，很好地从知、情、意、行等方面归纳了"空天素养"的主要内容，这也与国家培养时代新人之理念相契合，为我们课堂教学德育的渗透提供了很好的方向。若仔细思考其中最重要的是什么，空天素养的"根"在哪里，我想应该是家国情怀。作为中华优秀传统文化的基本内涵之一，家国情怀是中华民族之所以能历经磨难而浴火重生，中华文明之所以能绵延数千载而生生不息的根本原因所在，同时也是根植于中华民族文化血脉深处的宝贵精神财富，更是

任何一个致力"逐梦空天"的人必不可少的素养。因此，以家国情怀为引，将丰富的"空天素养"的内涵融于高中语文教学中，对培养学生的综合素养具有重要作用。

高中语文教材中的众多篇目都直接或间接地蕴含着作者或文本人物浓浓的爱国之情。《屈原列传》中屈原一生忠君爱国、鞠躬尽瘁，终怀沙自沉、以死明志；《苏武传》中苏武出使匈奴，面对威胁利诱仍坚守节操，历尽艰辛而不辱使命，以一身浩然正气捍卫了民族的尊严；《报任安书（节选）》中司马迁忍辱含垢，坚持发愤著书，才有了流传后世的"史家之绝唱，无韵之离骚"——《史记》；不仅有陆游的"王师北定中原日，家祭无忘告乃翁"，还有范仲淹的"先天下之忧而忧，后天下之乐而乐"；《与妻书》中革命志士林觉民对妻子的爱恋和对革命的无畏，《沁园春·长沙》中毛泽东发出的"问苍茫大地，谁主沉浮"的时代强音……尽管所处的时代不同，所反映的社会现实和作者的情感倾向各有不同，但都无不指向了深深的家国情怀，表达了对理想和信念的执着追求。这些对高中生来说既是最好的德育素材，也是对"空天素养"最好的诠释。

如今的中国或许不需要每个人都视死如归，舍生取义，但是却需要每一个人对自己的国家有高度的认同感和归属感，以及对国家富强和人民幸福有责任感和使命感，尤其是对中学生来说，这无疑是他们成长过程中必不可少的价值观念。因此，在教学过程中要充分发挥语文学科在对学生爱国主义情感的激发、意志品质的砥砺、道德情操的陶冶、人生理想的树立等方面得天独厚的优势，全方位深挖课文素材，多维度厚植家国情怀，把语言文字、历史故事放在不同的时间和空间下，围绕着家国情怀的主题，引导学生从具体的历史时空去体验这些情怀，从而让学生学习有动力、心灵有方向，做学生"逐梦空天"的护航人。

三、紧跟时代变化，做"空天素养"的探索人

然而，我们也必须清楚，时代的变化正在为家国情怀不断地注入新的内涵，从近代的救亡图存到当下的民族复兴，一代人有一代人的使命，一代人有一代人的担当。古有苏武牧羊，为汉代解决了北方匈奴问题；岳飞抗金，维护了南宋稳定。今有中国航天之父钱学森五年归国路、十年两弹成，袁隆平禾下乘凉梦、毕生躬田亩，钟南山耄耋之年为民出征。"空天素养"的内涵既是抽象丰富的，也是

具体落到实处的，如何走好新一代人的长征路，培养新时代有志青年是我们需要不断思考的问题。

航空航天梦想自古有之，从最朴素的"嫦娥奔月"，到明代"万户飞天"，再到当下载人航天升空，中华民族的航天梦延续千年，也传承了宝贵的航空航天精神。然而，我们对"空天素养"的理解绝不能局限于狭义的"飞天梦想"。中美贸易战持续升级、台湾问题尚未解决，这些挑战都应当成为对"空天素养"持续的注目和召唤。或许顺延这条路径，最后显露出的"空天素养"的具体样态，恰恰是我们可以从中反思和萃取的部分。

还有更多可喜的一面，中国抗疫的巨大成功、严峻形势下的冬奥盛会、载人航天飞船发射升空……这一切的背后都体现了越来越多的人参与这个时代、这个国家，而未来还需要更多的有梦敢为的时代青年加入其中。这也启发我们，对"空天素养"的理解，既不能局限于狭义的注解，也不能如同脱缰的野马，脱离核心，为了融入而融入。具体到教学过程中，"空天素养"的融入，或许那种潜在的、等待被激活的会比设定好的、僵化的更有生命的力量，而只有当生命真正敞开了，才能促使真正的"育人"发生。

作为一名教师，能做的就是教学中常教常新，不仅要带领学生回到遥远的历史现场，从而观社会时局、晓文化心理、品个体精神，还要聆听当代的现实回响，助力伟大的复兴之路，鼓励学生勇于担当，志存高远。在这个求新创新的过程中，唯有努力挖掘文本、故事中的航空航天因素，不懈探索新时代、新环境中的航空航天内涵，才能将难题变成惊喜，使不可能成为可能，让"教书"变成"育人"。基于此，我们完全可以寄托于闵行三中航空航天教育更加美好的愿景，亦是给闵三文化持续发展赋予了一种必要性。

行文至此，我依旧无法回答"尊重学堂"的空天特质语文课会发展到何处，但文学的力量始终在支撑着一些边缘的东西，使其不至于过早地塌陷和崩坏，这是一种无限趋近的努力，更是一种持续注目和召唤。

仅以"空天素养"为立德树人之目标可能不尽完善，试图以"空天素养"去打通所有的科目和文本也可能不切实际，但至少在某种程度上能勾勒出一条具有生命力和创造力的教学"育人"之路径。我想，空天特质的课堂融入将使得我校航空航天特色被更多人知晓和认可。然而，每一次课堂实践、每一次案例分析所抛出的关于如何更好地开发出、教学好我们特色课的议题，还有很多空白有待填补，我也相信在这个空白的地方将会生长出更多更美丽的种子。

（闵行三中教师　柯方萍）

（二）教育活动融合"空天素养"培育

"空天素养"培育已经无痕地融入闵行三中学校教育生活中。学生的文学刊物取名叫《望天树》。学生刊物取名《望天树》，既体现了闵三学生的责任情怀，也体现了高远境界。闵行三中有一个好传统，每个班级都在班主任的引导和语文教师的指导下，成立班刊，作为学生阅读交流的园地。下面是我应学生要求，为班刊写的两则寄语。

寄语《飞天》

2021级高一（7）班班刊取名为《飞天》，呼应学校航空航天教育文化，契合"飞行梦想人才"班的建班宗旨，凸显新时代少年的精神风采。

"飞天"在敦煌壁画中是"娱乐"和"歌舞"的灵动化身，希望班刊《飞天》能给同学们营造一片轻松愉悦的学习空间和至善至美的精神家园。

向往飞行是人类自古以来的美好愿望，无论是西方长着一对翅膀的丘比特，还是中国羽化飞天的嫦娥，都寄托了先人探索浩瀚宇宙、揭示未知奥秘的神往，希望同学们永远葆有一颗童心、好奇心，这是创新创造的源头活水。

从"东方红一号"到"北斗"组网，从"神舟"往返到"天宫"建站，从"嫦娥"奔月到"天问"探火，从"玉兔"采样到"羲和"探日……闪耀着中国航天的骄傲和自豪，镌刻着中国航天人的不屈与不朽。希望同学们自主、自立、自强，为早日实现"航空强国""航天强国"的伟大梦想而不懈努力！

寄语《新羽》

翩翩少年如风而来，如蝶而去。步态轻盈，英姿飒爽，信风乘云，羽翼翕张。顿觉"云行信长风，飒若羽翼生"，青春真好！

《新羽》问世，邀我写几句寄语，欣慰之余，慨然允之。

《新羽》之于同学，应为精神之家园，此心安处是吾乡。

《新羽》之于同学，应为文化之乐园，天下奇文共欣赏。

同学之于《新羽》，应有少年之责任，丰满羽翼，练硬翅膀！

同学之于《新羽》，应有少年之理想，羽化精卫，涅槃成凰！

"一旦羽翼成，引上庭树枝。举翅不回顾，随风四散飞。"期待《新羽》为2021级高一（3）班同学插上翅膀，最终逐梦飞翔！

（闵行三中教师　王全忠）

每一届的毕业典礼是学生再出发的庄严时刻，闵行三中的教育生活给学生留下了什么，希望闵三学生以什么样的姿态和心态奔赴明天，"空天素养"一定是校长装入毕业生行囊中的重要礼物。

远方不远，未来已来

——2021届毕业典礼致辞

亲爱的同学们、老师们、家长朋友们：

大家上午好！

"魅力江川，孕育希望；奔腾浦江，激荡力量；尊重禀赋，各展所长；开启潜能，成就梦想；浩瀚星空，照亮方向；相约闵三，逐梦飞翔。"这是闵行三中校园开放日的宣传语。三年前，同学们在闵三的昭告下，听从梦想召唤，赶赴青春之约，踏破晨昏四季，开启逐梦之旅。

韶华易逝，毕业有期。今天，你们毕业了！在此，我谨代表学校，向2021届233名毕业生及其家长致以最热烈的祝贺，向全体高三老师们致以最衷心的感谢！

沧海桑田，换了人间。闵行三中经过几代人的接续努力，于2021年3月19日正式被命名为上海市特色普通高中，打赢了"品牌"塑造的翻身仗。同年5月，闵行三中又被评为上海市文明校园，吹响了"品质"提升的集结号。2021届全体师生都是奋斗者、奉献者，闵三不会忘记！历史不会忘记！

　　远方不远，未来已来。所有的远方都将从脚下延伸开去，所有的未来都将从现在铺展开来。瑞丽校区是梦想加油站，华坪校区是初心始发地。今天，同学们又回到华坪校区，从这里再出发，请记住这里的每一道风景。

　　第一景"仰望星空"。此景立于校门之上，昭示我闽三学生既要脚踏实地，还要仰望星空。回头有一路的故事，低头有坚定的脚步，抬头有清晰的方向，你就没有辜负人生最美妙的时光。前路漫漫，唯有不忘初心者，不迷失；任重道远，唯有勇敢坚毅者，不懈怠。幸福都是奋斗出来的。只有将个人的使命担当融入实现新时代的伟大梦想，敢于创新，勇于实践，乐于奉献，才能让人生出彩，生命闪亮！

　　第二景"众志成城"。当同学们结伴进入校园，首先映入眼帘的是一排火箭立柱，昭示我闽三学生"独行快，众行远"。人类是一个休戚与共的命运共同体，"视人之国，若视其国；视人之家，若视其家；视人之身，若视其身"是人间正道。合作才能共赢，和平才会发展。国家这样，人亦如此。正如英国诗人约翰·多恩所说："没有人是自成一体、与世隔绝的孤岛，每一个人都是广袤大陆的一部分。"

　　第三景"飞天种子"。这是校园的主题雕塑。讲的是 2011 年苏烨、王惠盛、严鑫崐研究小组采集的四种濒危植物种子搭载天宫一号进入太空实验的故事。雕塑的铭文："时光流转濒灭绝，空间轮回得重生。校园竖立'种子'雕塑，以彰我闽三学生尊重生命之情怀、仰望星空之境界。"讲到种子、生命，我想起了袁隆平、吴孟超两位院士。5 月 22 日，"杂交水稻之父""共和国勋章"获得者袁隆平院士，"中国肝胆外科之父"吴孟超院士，与世长辞，国人泪目。

　　神农自天降，惠泽满人间。那位喜看稻菽千重浪的老人曾种下两个梦：一个是"禾下乘凉梦"；另一个是杂交水稻覆盖全球梦。在先生的心里，国家利益重，科学事业重，名利却最轻。他一生扎根在稻田之间，实现了千百年来人民心中最朴素的愿望，攻克了曾经绊倒半个地球的难题，让中国人牢牢端稳中国碗，中国碗里装满中国粮。他的离世，并非巨星陨落，而是如同一株水稻，完成了使命，最终回落在泥土之中。稻菽已是千重浪，却送英雄下夕烟。此后每一缕升起的炊烟，都是飘自人间的怀念，风吹麦浪，就是他灵魂的回响。

　　广袤天地间，有袁老亲吻稻田的身影；狭小手术室，有吴老救死扶伤的伟绩。

吴院士在接受记者采访时曾说:"当你们帮助别人时,请记得医药是有时穷尽的,唯有不竭的爱才能照亮一个受苦的灵魂。"这并非高高在上的说教,吴老用他的一生诠释了"不竭的爱"——天冷的时候,他会把听诊器捂热再给患者用;在他96岁生日的当天,依然拿着手术刀,挽救着患者们的生命;他的手指因长期手术而变得弯曲,脚趾更发生了严重的变形。我们不知道这些病痛曾带给他多少困难,但我们知道的是在一次长达10个小时的手术之后,吴孟超院士衣襟湿透,嘴里还说着"我老了,我的日子不多了……我得争分夺秒"。妙手回春,医者仁心。他将自己的生命与时代崇高的责任联系在一起,将1.5万人从死亡的边缘拉回。他是医者的榜样,也是人民的英雄,他以身作光,照亮后辈前行的路。

第四景"信念如磐"。校园主干道尽头分叉处矗立着一块巨石,此乃学生家长赠送学校的泰山石。我将此景点命名为"信念如磐"。期望我闵三学生的信仰、信念、信心坚如磐石。

一花一世界,一物一精神。择取校园十景之其四以达我对同学们的殷殷期待。站在人生阶段的交汇点上,也站在中华民族实现"两个一百年"奋斗目标的历史交汇点上,期待你们仰望星空,脚踏实地,众志成城,不辱使命,努力创造自己的美好人生,奋力扛起国家的光辉未来。

从2018到2021的三年,我们一起有幸见证和分享了中华人民共和国成立70周年、建党100周年的历史性成就和辉煌;我们也和全国、全球人民一样共同遭遇和抗击了一场突如其来、旷日持久的新冠疫情;我们还真切感受到了"百年未有之大变局"中国家展现的力量、面临的挑战。明年是闵行三中建校60周年,希望还能和大家一起分享闵行三中发展的喜悦与荣光。

远方不远,未来已来。还有几天,高考就将揭榜,未来近在眼前;大学就在前方。祝大家金榜题名,前程似锦!

(闵行三中教师　王全忠)

闵行三中校园生活丰富多彩,可以说月月都过节。3月,体育节;4月,航空航天节;5月(母亲节所在的一周),感恩节;9月,秋季体育运动会;10月28日,班主任节;11月,读书节;12月,艺术节、迎新联欢会。每个节日,各有主题；但是，航空航天教育元素和"空天素养"培育是贯穿"六节两会"的暗线。航空航天节自不必说。体育节和体育运动会，学校会加入航模飞行等军事体育比赛展示项目；感恩节，感恩航空航天科学家和航空卫士、航天英雄；读书节，观看航空航天题材电影，推荐阅读航空航天主题书籍；艺术节，学唱航空航天内容歌曲，开展太空画比赛和展览。学生不仅仅生活在校园这一方象牙塔，社会大舞台是学生成长的大课堂。闵行三中的每一个学生都是航空航天科普宣传的志愿者，入社区、在人员流动频繁场所进行航空航天科普宣传是每一个闵三学生的责任和义务。

二、真实学习："二元互补"的教学追求

从教与学的关系角度讲，教学过程本质上是学生的学习过程，没有学，教的价值也就荡然无存；没有学，核心素养的形成无异于缘木求鱼。核心素养不是外在于学生的知识符号，而是长在学生身上的品格能力，只能由学生通过学习活动慢慢形成。教学中，当学生学的能动性、独立性、自主性越来越强时，就越来越有助于核心素养的形成，这就是我们倡导并努力实践"尊重学堂"的初衷。

从学生能力发展的角度看，教学过程是一种以学生独立学习能力为基础并逐步发展学生独立学习能力的过程，只有依靠学生的独立学习能力才能不断地发展学生的独立学习能力。因此，教学活动和育人方式一定要建立在相信、尊重、依靠和发展学生的独立学习能力之上，让学生真正成为学习的主体，让学习在学生身上真实发生。为此，我们在教学实践中重点关注并正确处理三对关系。

（一）直接知识和间接知识的融合

我们的教科书都是间接知识。但是，如果间接知识没有直接知识，没有以学生的个人体验作为基础，这个间接知识永远只是在脑袋里，很难在社会和个人发展中发挥出更大的作用。所以，直接知识和间接知识的融合，是提升教育教学质量非常关键、非常重要的举措。

闵行三中校园中、场馆内有很多航空航天器模型，我们为每一件模型量身定

做了身份二维码，通过眼睛看，传输到大脑中，获取了直接知识；通过扫码，进一步了解该航空航天器的结构、功能、用途，获取了间接知识。二者结合，就起了化学反应，内化成学生核心素养。

闵行三中花巨资建场馆、添设备，将很多校本课程教学搬到创新实践场馆里，都在为学生的成长创设直接知识获取和个人真实体验的空间。比如，在"火箭模型制作"教学中，教师首先介绍火箭发明的时间、发明者、发展历程等知识；然后放手让学生通过各种途径、手段和方法，自主收集、整理、加工信息，留足时间让学生相互讨论、自由发言；最后让学生动手制作。实践性是模型制作课程区别于其他知识类课程的最大特点。任何技术知识、技术操作、技术意识的形成，都不可能脱离学生亲身的技术活动体验。教学实践阶段是学生掌握技术、发展能力的一个重要阶段。技术的掌握和能力的发展都需要在实践操作中获得。所以注重实践性和操作性，特别是学生自主实践操作，也是提高课堂有效性的途径之一。火箭模型制作过程复杂，技术要点多。课堂实践中，学生在初步学会裁剪、折叠、粘贴、调试技术的基本方法和技能后，自主实践操作头锥、箭体、尾翼和降落伞的制作、部件连接等，看似简单，实际包含了很多操作技术。自主实践培养了学生实践操作能力和解决问题的能力，提高了课堂教学的有效性，更提高了学生自主学习的积极性。

（二）动手和动脑的结合

学生在课堂上听课，不仅要开动脑筋，同时还要动手实践，获得直接经验。在"空间地图制作"一课上，教师把信息科技充分应用到地理教学中，让学生自己动手去创作一幅地图，不枯燥，很能激发学生的天性。我们一直说要让学生智慧地玩，在玩中提升智慧；有道德地玩，在玩中提升道德；带有美感地玩，在玩中增长美感。所以，动手和动脑的结合，是新时代一个非常重要的教育途径。

空间科学技术是当代科学技术最先进的领域，是顶尖的科学技术。空间科学技术融科学百科为一体，集尖端科学于一身，不通过循序渐进地积累，既不能把握，更不能发展。空间技术的竞争归根结底是空间技术人才的竞争。因此，美国人提出，"要培养从事航天活动的经理、科学家、工程师、社会学者、医生和技术人员，必须在他还读小学和高中的时候，就把他的兴趣吸引到航天领域中来"。

这个见解实在高明，也确是经验之谈，空间技术人才的培养必须从儿童抓起，从小学抓起。美国在确定了这一方针之后，其航天教育形成了自己的特点——特别重视实际训练。在他们看来，航天教育的最佳形式莫过于参与航天活动，莫过于让儿童尽早介入航天活动。如开办"儿童太空训练营"，鼓励四年级学生参加，训练学科有：学习火箭推动器的飞行、制作原理；动手做模型火箭并自行试射；指导教师介绍太空科学知识；提供太空人训练的真实设备"太空人模拟训练机"，让学生实习。最后的结业课程是1小时的"模拟太空飞行任务"，包括地面指挥控制中心指挥官与太空船里的小驾驶员密切合作，执行一次完整无缺的太空任务。其中，最杰出的"小太空人"被指定为"船长"，这激发了孩子们的争强好胜之心，使其学习时更加卖劲。

　　了解了航空航天教育的特点和人才培养的规律，闵行三中的航空航天教育特别注重动手与动脑的结合。比如，闵行三中太空植物种植研究小组在教师的带领下开展航天辣椒与普通辣椒种植的比较研究，在长时间的种植实践和观察研究中发现，航天辣椒与普通辣椒相比，株高、叶面积差异性并不明显，但是，结实率明显高于普通辣椒。这是什么原因呢？学生们首先想到的是太空特殊的环境，低温、强辐射等，这些特殊的环境恰恰是导致基因突变的重要因素。将此知识点与生物学教材中的"变异"内容学习结合起来，从理论层面剖析基因突变的机理，让学生深刻把握基因突变的特点，更好地理解基因突变也能为人类造福。随着观察研究的深入，后期学生还对航天辣椒与普通辣椒叶绿素含量进行测定，并对航天辣椒的抗寒、抗旱等方面进行研究。动手与动脑相结合，让学生真切感受到太空环境带来的基因突变所产生的真实效应。

　　（三）线上和线下的结合

　　第一，线上与线下互补。闵行三中校园和公共空间陈列了很多航空航天器，有模型，有实物，学校为它们制作了身份二维码。通过扫码进入线上，即可进一步全面深入了解其结构、材料和功能等知识。不仅如此，学生还可以在空天翱翔馆的虚拟现实区，利用图像显示设备，通过人机交互，去观察微观世界和宏观世界。比如，参观完火箭和飞机发动机之后，想进一步深入了解其内部结构，就可以通过VR设备无限放大、随意拆解和组装发动机。闵行三中在虚拟现实区还专门设计开发了一门课程"飞越地球",在 VR 设备的辅助下,让学生对广袤神奇的宇宙有比较直观和形象的认知。

第二,线上与线下切换。受疫情影响,学生学习切换到线上,闵行三中的航空航天节活动也随之转移到线上。第十一届、第十三届航空航天节,学校设计并实施了系列"云活动",学生通过云探馆、云报告、云竞赛、云制作、云展示等不一样的体验,收获了一样的精彩与成长。受此启发,闵行三中在校园网再造了一个虚拟网校——"空天微校"。基于大数据的"空天微校"智能学习系统开发,解决了闵行三中空天教育囿于线下、资源匮乏、互动贫乏、评价缺位等问题,打造出体系完备的课程平台、数据支持的学习系统、资源丰富的网络学校,通过特色化、情境化、系列化、智慧化、个性化、优质化六大策略,实现校园特色文化情境化呈现、校本特色课程体系化建构、"空天素养"评价可视化表达,助力学校办学层次升级、教师发展能力提升、学生圆梦空天成真。

第三,线上与线下互联。疫情期间,我们通过 Classin 平台,联通线下与线上,为封控在家的师生提供教学服务。回归线下教学时段,个别不能到校的学生,通过教室里的直播设备,在家同步跟随在校师生上课、做作业、测验。学校还通过远程直播平台,与新疆喀什地区泽普县的师生开展同课异构、双师教学、联合教研和主题活动。

线上与线下的结合,打破了时空的局限,丰富了教育形式,创生了教育智慧和资源,这既是新时代教育的一个特点,也是优化学生学习方式的一个生长点。

三、超越围墙:"三维一体"的资源整合

特色普通高中建设离不开丰富多样的特色资源。闵行三中既非大学附中,又非实验性示范性高中,资源哪里来?我们打开校门,超越围墙,广纳社会资源,并加以整合利用,形成了点多、面广的资源建设机制。

(一)"三维一体"的资源整合模式

1. 地理维度

闵行三中与学校周边的上海航天技术研究院以及下属的 509 所、805 所、

811 所、812 所、上海航天设备制造总厂，以及上海交通大学航空航天学院、中国商飞等签署战略合作协议，为学生主题研学、现场体验、职业调查、社会实践和学校航空航天文化建设集聚资源。

登高望远，校企共建

上海航天设备制造总厂是上海航天技术研究院下属的集运载火箭、空间飞行器以及战术武器地面系统制造、总装测试和发射场服务于一体的国有综合型航天骨干企业。企业的长足发展需要厚植文化土壤，事业的进步需要强大的人才支持，于是，上海航天设备制造总厂主动对接附近中小学校，大力进行科普宣传，激发学生航天梦想，培育航天后备人才。闵行三中致力为"工业强国"培养人才，航天教育意识强，起步早，苦于自身资源匮乏，于是主动拥抱高科技企业，争取到上海航天设备制造总厂的宝贵支持：

（1）开设"航天知识"拓展型课程，打造学校课程品牌；

（2）开设"航天探究"动手实践课，参与市级科技竞赛；

（3）建立"航天书屋"，捐赠"航天模型"；

（4）建立"实践基地"，与航天零距离接触；

（5）参观发射基地，进行爱国主义教育。

（闵行三中教师 王全忠）

2. 专业维度

签约中国宇航学会和上海市宇航学会、上海市航空学会的研究员，签约上海交通大学航空航天学院教授、博士生，签约上海航天技术研究院的工程师，为师生开设科普和专业讲座，指导学生进行相关课题研究；签约上海科学创新教育研发中心、上海科技馆、上海自然博物馆、钱学森图书馆等，共同开发航空航天特色课程。

对接研发中心，联合开发课程

闵行三中与上海科学创新教育研发中心联合开发航空航天通识研究课程——

"播种空天梦想"。闵行三中提出课程需求、目标、框架，上海科学创新教育研发中心负责编制课程大纲、课程研发进度表、课程样章、教师和学生用书、课程使用说明，开展教师培训。闵行三中组建课程开发与试验团队，对接相应章节，审查课程内容与结构，熟悉相关专业知识背景，结合我校学生认知基础和知识储备，形成校本化学习方案。

（闵行三中教师　王全忠）

3. 出口维度

闵行三中是空军招飞局南京选拔中心签约的上海地区唯一的"空军招飞协作培养学校"。与东航飞行培训中心、"视像中国"远程教育发展中心签约设立"飞行课程实验班"，联合培养"飞行梦想人才"。

培育飞行梦想，培养飞行人才

2018年12月9日，闵行三中与"视像中国"远程教育发展中心、东航飞行培训中心签署协议，联合培养"飞行梦想人才"。

"视像中国"远程教育发展中心提供"航空生涯导航""走进飞行"等网络课程及课程实施与管理服务。做好课程开发与课程组织工作，做好学生学习评价与鉴定工作，做好信息服务工作，每年组织"东航杯"航空科普知识与技能大赛，组织学生围绕理论、常识、模拟飞行技能等开展"大比武"活动。

东航飞行培训中心支持闵行三中组织学生开展航空夏令营活动；向闵行三中提供在线辅助讲座和专家指导，做好飞行梦想人才库的管理工作；向优秀学员、大赛奖项得主颁发飞行梦想人才库证书、模拟飞行机长证书等。持有飞行梦想人才库证书的学生在理工类二本以上院校就读，大学科毕业时如果获得东航招飞机会，在体检通过后可优先签约进入东航飞行员培养计划；签约学生报考飞行专业并成功录取相关院校后，东航飞行培训中心承担其后续培养费用。

闵行三中组建"飞行课程实验班"，加强班级规范管理，制订适合本校的教学推进计划和活动计划，招收经过东航认可体检的学生进入班级，并在高一、高二阶段组织全班学生利用"视像中国"数字化学习平台开展远程互动教学，对学生进行专业化的航空理论教学，有计划地组织学生开展航空实践活动，促进职业志向发展；完成"走进飞行"系列课程学习，协助做好飞行梦想人才入库工作。

（闵行三中教师　王全忠）

"三维一体"的资源建设机制，培育了开放、多样、专业、丰富、高品质、高赋能的航空航天教育特色资源，有力保障了学校航空航天教育的实施，开辟了特色普通高中建设的新路径。

（二）"三维一体"资源整合的机理

跨行业、跨部门、跨地域的资源利用，只有找到恰切的共同点，形成共振，才能形成长效机制。

1. 相同的理想信念，创造"共商"契机

创制有意义、有价值的课程是教育研发中心的理想信念，为学生全面而有个性的发展提供优质的课程选择是学校教育的理想信念。课程只有用于学生发展才能检验出它的价值意义，开发者与使用者相同的理想信念创造了"共商"的良机。

2. 相同的价值追求，奠定"共建"基础

空军招飞局南京选拔中心为国防建设选材，东航飞行培训中心为民航事业选材，以航空航天教育为特色追求的闵行三中为国育材，虽然关注的时间点、年龄段不同，但是相同的价值追求为长期合作共建奠定了坚实的基础。

3. 相同的发展诉求，开创"共享"格局

高校要厚植人才培养沃土，系牢人才培养链条，需要把触角向基础教育延伸；基础教育学校要畅通人才成长通道，需要把触角向高等教育延展，相向而行的"中学—高校"合力开创"共享"的局面。

4. 相同的使命担当，凝聚"共进"力量

建设航天强国是中华民族伟大复兴中国梦的重要组成部分，是全体中华儿女的使命担当，是各级政府义不容辞的责任，也是学校教育不变的初心。正是这份相同的沉甸甸的使命感、责任感，凝聚起政府和学校"共进"的磅礴力量。

突破高中育人方式固化的藩篱，是闵行三中特色普通高中建设的核心要义和努力方向。我们将"空天素养"培育融入学生核心素养培育体系，成为学校教育一以贯之的主题，整体提升育人质量。我们将"逐梦空天"课程学习作为撬动学生学习方式改善的杠杆，建立起直接知识与间接知识、动脑与动手、线上与线下学习的关联，拓展学习的深度和广度，实现智慧教学和思维发展。我们从地理、专业、出口三个维度整合特色教育资源，拓宽学习渠道。克服"唯分数""唯升学"倾向，扭转片面应试教育倾向，大力发展素质教育，是特色普通高中建设留给我们最深层的思考。

第二节 "后特色高中"的学校发展

一、"多样化""有特色"和谐共生

自《国家中长期教育改革和发展规划纲要（2010—2020 年）》（以下简称《规划纲要》）提出"推动普通高中多样化发展"和"鼓励普通高中办出特色"以来，多样、特色成为普通高中学校改革与发展的关键词。不仅如此，在《规划纲要》第五章第十三条中，特色办学被列在"推动普通高中多样化发展"之下。这表明，特色办学是普通高中学校多样化发展应有的选择。据此，有人认为"特色化办学"针对的是学校个体，"多样化发展"针对的学校群体，每一所学校都办出了各自特色，多样化的局面就呈现出来了。这种理解不能说没有道理，但是，如果以"点"和"面"的关系来界定特色和多样，势必会给学校教育带来困扰。就一所学校而言，学生的个性特点、发展需求是多样的，单一的特色无法满足所有学生的选择需求，还很可能导致学校办成专门学校，从而背离普通高中学校的办学宗旨。普通高中学校只有兼顾多样与特色，才能满足学生个性发展、多样选择的要求，进而有助于实现高品质教育。

如何让多样与特色相互助力？须将多样与特色确立为普通高中学校办学的两个平行指向。一方面，普通高中学校要始终以多样化为原则，追求"不一样"的办学特色；另一方面，特色建设应该作为一种专业精神、一种办学底色或办学习惯，成为普通高中学校办学的责任与追求。

闵行三中的校史就是一部特色发展史，写就这部特色发展史的是闵行三中的几代领路人，始终以多样化为办学原则，以高品质为办学追求，为学校打下了特色化底色。建校之初，依托老工业基地开展劳动技能教育；改革开放以来，随着工业转型，引入航空航天教育；世纪之交，应素质教育推进，开启足球、昆曲和女子曲棍球教育；新时代，"航天强国"梦想催生航天教育，特色项目多样化。这些特色项目有的偏重劳动教育，有的偏重科技教育，有的偏重体育，有的偏重美育，极大地丰富了学校教育生活，较好地满足了学生个性化发展的需求选择，从德智体美劳"五育"并举的视角，最终都归于落实立德树人根本任务，培养中国特色社会主义的建设者和接班人。

闵行三中特色普通高中的表征是航空航天教育。航空航天教育的目标是"育空天素养，树时代新人"。"空天素养"不是单一的专门素养，是综合素养，核心是家国情怀的价值观念、工程思维的关键能力和工匠精神的必备品格。这一综合素养是中国学生"有理想、有本领、有担当"的核心素养在航空航天教育领域的具体化。劳动技能教育以及足球、昆曲和女子曲棍球教育，则通过不同的教育内容，提升学生的创新实践能力，在实现"强国梦"中体现人生的价值和意义。从"核心素养"培育这一角度，多样化的特色项目目标一致，一体达成。

"后特色高中"时代作这样的思考，既为继往开来，更为行稳致远。

二、让"特色"彰显"特质"

走过 60 多年光辉历程的闵行三中闪耀着特色教育的智慧光芒。建校之初，学校依托周边四大国有企业，开展劳动技能教育。改革开放以来，老工业区转型发展，学校审时度势，从航模项目做起，开启了航空航天教育。世纪之交，闵行三中先后引入足球、昆曲和女子曲棍球教育，坚定了特色发展的初心。2004 年，"航天闵行"区位发展战略确立，航天科研院所、企业和高校纷纷迁址闵行，闵行三中相向而行，开展了"我为航天闵行出份力"的航天科普教育。2016 年，闵行三中以航空航天教育为特色申创特色普通高中，特色学校建设走上快车道。2021 年 3 月 19 日，被命名为上海市特色普通高中，实现了学校品牌的升级。3 月 22 日的升旗仪式上，我以"乘着春风再出发"为题，向全校师生发出了"再出发"的动员令。

向哪里出发？2021年9月1日的开学典礼上，我作了"让'特色'彰显'特质'"的国旗下讲话，指出"后特色高中"阶段，走内涵发展之路，让特色浸润师生的心灵世界和精神境界，彰显出闵三人的特质。

（一）有大爱

2011年，闵行三中苏烨等同学的《天宫一号搭载濒临灭绝植物种子方案》荣获全国一等奖。同年9月29日，苏烨研究小组采集四种濒危植物种子搭载天宫一号进入太空，在闵行三中全体师生心中种下了一粒飞天的种子。是强大的工业基因孕育了这粒种子，航模运动、航天科普项目的普及与推广催生了这粒生命的种子、梦想的种子。这粒"飞天种子"有颗金子般的心，充分体现了闵三学生尊重生命之情怀、仰望星空之境界。

教育是一项"仁而爱人"的事业，爱是教育的灵魂，没有爱就没有教育。高尔基说："谁爱孩子，孩子就爱谁。只有爱孩子的人，他才可以教育孩子。"教育风格可以各显身手，但爱是永恒的主题。爱心是学生打开知识之门、启迪心智的开始，爱心能滋润浇开学生美丽的心灵之花。教师的爱，既包括爱岗位、爱学生，也包括爱一切美好的事物。教师的爱和严常常是相伴相生的，晓之以理、动之以情是爱，严格要求、严肃批评也是爱。要相信，教师是这个世界上最没有私心的人，唯恐哪一个学生受到冷落；教师是这个世界上最希望别人好的人，"青出于蓝而胜于蓝"是他们的骄傲。

大爱超越个人"小我"和家庭，表现出对他人、自然、人类的尊重与关爱，是一份崇高责任和深厚的人文关怀。有大爱应当成为闵行三中师生的精神特质。

（二）存大梦

2020届考取哈尔滨工业大学的姚源同学发愤"把中华民族伟大复兴的梦想写在浩渺太空上"。2019届毕业生陆芃希选择华东理工大学生物工程学院，决心"深耕太空育种，建功生物工程"。"同窗筑梦想，蓝天共翱翔"的2019届高三（1）班的王亚坤、顾皓洋、夏天、彭泽伟、李佳磊相约选定航空航天专业。"因为热爱，所以选择"的彭泽伟同学誓言要做一名"优秀的直升机保养师"。录取南京航空航天大学英语专业的王亚坤说："语言，让我们与世界通航。"

正确的理想信念是教书育人、播种未来的指路明灯。韩愈说："师者，所以传道授业解惑也。""传道"是第一位。一名教师，如果只知道"授业""解惑"而不"传道"，充其量只能是"经师"。古人云："经师易求，人师难得。"一名优秀的教师，应该是"经师"和"人师"的统一，既要精于"授业""解惑"，更要以"传道"为责任和使命。好教师心中要有国家和民族，要明确意识到肩负的国家使命和社会责任。

我们的教育旨在为社会主义现代化建设服务，为人民服务，与生产劳动相结合，培养德智体美劳全面发展的社会主义事业建设者和接班人。有了这一理想信念，我们的教师就会始终同人民站在一起，自觉把党的教育方针贯彻到教育教学管理工作全过程，做中国特色社会主义共同理想和中华民族伟大复兴中国梦的积极传播者，帮助学生筑梦、追梦、圆梦，让一代又一代年轻人都成为实现中华民族伟大复兴中国梦的正能量。

大梦系于国，关乎民族和未来。闵行三中教师当坚守为党育人、为国育才初心，闵行三中学生当积极回应"请党放心，强国有我"，存大梦才是闵行三中师生应有的信仰特质。

（三）有大智

伴随着人类对大自然索取的日益增强，我们赖以生存的地球生态体系正逐步趋于恶化，过多地开采林木、煤炭、矿石和石油，造成了水土流失、空气和环境的污染，大自然原有的净化能力严重退化。能否从改变细菌的基因出发，使其能直接吞噬塑料分子，以达到快速降解塑料制品的目的，借助失重、高真空、强辐射的太空环境，继而培养出一种能快速降解塑料的菌种，更有效地缓解地球上的白色污染成为2019届袁世姣同学研究的方向。由于这个实验采用的是太空搭载的方法，其体积和重量均受到制约。此外，太空舱24小时会绕行地球数圈，其多次温差往复，这对细菌的生存是个考验，所以维系细菌生存玻璃器皿的设计至关重要。袁世姣同学花了大量时间，查阅了海量资料，才设计出培养细菌的搭载玻璃器皿。她的《天宫二号一种可降解塑料菌种的试制实验》获得天宫二号全国青少年科学实验方案一等奖，保持了天宫一号征集方案获奖的高度。

扎实的知识功底、过硬的教学能力、勤勉的教学态度、科学的教学方法是教师的基本素质，其中知识是根本基础。"水之积也不厚，则其负大舟也无力。"好教师要有广博的通用知识和宽阔的胸怀视野，好教师还应该是智慧型教师，具备学习、处世、生活、育人的智慧，既授人以鱼，又授人以渔，能在各方面给学生以帮助和指导。

善于发现，工于设计，专注研究，潜心治学，有大智应当成为闵行三中师生的智慧特质。

（四）担大责

2021 届单哲非同学在一个偶然的机会，看到了停泊在黄浦江畔的"远望一号"远洋探测船。这艘曾圆满完成运载火箭、气象卫星、载人飞船等 57 次国家级重大科研试验任务，服役 32 年的功勋探测船孤寂地躺在江边，这触动了他的内心。可否把"远望一号"建成爱国主义教育与航天科普教育基地向社会开放，成为弘扬中国军工文化、国防文化和海洋文化的有效教育载体，成为扩大滨江文化宣传、丰富滨江文化内涵的有效补充，成为上海滨江独特的文化标记？于是，他进行了大量调查，得到 80% 以上被调查对象的支持。单哲非同学通过市民信箱郑重地向市领导提出建议，受到市领导的高度重视，实现了"远望一号"功勋船的重新对外开放。单哲非同学的建议被评为 2019 年度优秀人民建议，体现了闵行三中学生崇高的社会责任感。

教师对学生的影响，离不开学识和能力，更离不开为人处世、于国于民、于公于私所持的价值观。一名教师如果在是非、曲直、善恶、义利、得失等方面出问题，则难以担负起立德树人的责任。

近年来，教育新政密集出台，无论是"双减""双新"，还是"五项管理"，都从一些"小切口"体现了"以人民为中心""办好人民满意的教育"的时代要求。增强学校的主体作用，增强校内教育效能，促进学校教育优质均衡发展，关注每一个学生健康成长，既是教育新政的价值导向，也是未来教育发展的方向。

自觉担负起国家富强、民族复兴、文化繁荣、社会安宁的时代使命，担大责应当成为闵行三中师生的情怀特质。

"有大爱、存大梦、有大智、担大责"既是闵行三中师生应有的形象，也是闵行三中师生应然的风采。在教育回归学校、回归本真的当下，让闵三人的特质闪耀出新时代教育的华彩篇章。

三、从"优秀"走向"卓越"

赓续 60 多年的闵行三中，郑重地向社会许下并忠诚地兑现了"让平凡的学生不平凡，让普通的学校不普通"的庄严承诺。学校被命名为上海市特色普通高中后，社会对闵行三中教育有了更高的期待。"让特色彰显特质"似乎还不能让老百姓满意，于是，在 2022 年春季开学典礼上，我对闵行三中的办学追求又提出了新的目标——从"优秀"走向"卓越"。两个学期的开学致辞合在一起"让特色彰显特质，从优秀走向卓越"完整地体现闵行三中"后特色高中"时代的目标追求。

优秀是一个比较笼统的概念，不容易量化评价。卓越，语出《庄子》："卓然独立，雅行修省，越而胜己，崇德向善。"不仅清晰，还好评判。卓，高也。独立出众，用一个成语形容叫"鹤立鸡群"。越，跨过，跳过，超出。一个标识了纵坐标，一个标识了横坐标，很有空间感、方位感。"卓"最后一笔"竖"可以拉得很长很长。细长腿的鹤立于鸡群中，高出一大截，视野是不是比鸡开阔？有句老话叫"天塌下来，高个子顶着"，立于鸡群的鹤是不是要面对更大风险，承担更大责任？"越"的形旁为"走"，古代是"奔跑"的意思，这种奔跑是有追赶目标的，是要超过前面那个人。无论是直道、弯道还是换道，都要加油加速，拼命向前。这样一会意，我想大家对"卓越"就有了比较质感的认识："卓"是高度的超越，"越"是速度的超越；"卓"是纵向，"越"是横向；"卓"是超越他人，"越"是超越自己。

（一）持续打造"逐梦空天"卓越课程

1. "逐梦空天"校本特色课程建设再审视

经过多年积累，"逐梦空天"校本特色课程建设取得了阶段性成果：第一，建立了与学生核心素养相一致的"空天素养"目标体系；第二，开发出六大模块 20 多门航空航天教育校本特色课程，建构起与"空天素养"培育相匹配的"逐梦空天"课程图谱；第三，打通了与"上海三类"课程融合实施的渠道；第四，初步研制出"空天素养"评价的量表和工具。

但是，把"逐梦空天"校本特色课程放在新课程、新教材改革的背景下考量，短板也是显而易见的：第一，美育、体育相对较弱；第二，课程从"上海三类"向

"全国三类"过渡，需要做的不仅仅是话语体系转换，课程结构也需要作较大调整，实施路径和方法也要随之作较大改变；第三，学生"空天素养"评价手册，虽然是写实性记录，但是记录较烦、反馈较慢、统计较难，与现代学校教育管理的理念和手段尚有很大差距。

2. "逐梦空天"校本特色课程建设再聚焦

针对闵行三中"逐梦空天"校本特色课程的短板和弱项，探索解决以下四方面问题：第一，针对课程内容，着力解决"缺美""弱体"问题（见表6-1）；第二，针对课程结构，着力解决课程结构迟滞于高中新课程要求的问题；第三，针对课程实施，着力解决"五育"发展不平衡的问题；第四，针对课程评价，着力解决评价手段落后、评价反馈滞后的问题。

表6-1　"逐梦空天"课程中的"五育"权重分析

模块	课程举例	"五育"对应分析
生涯与规划	走进发射现场、走进航空航天院校、航空航天职业体验、采访航空航天人、航空航天科普宣传……	德＋智劳－体－
历史与人文	神舟讲坛、航空航天英雄谱、太空探秘、航空航天文化解说、播种空天梦想……	德＋智美－
材料与科学	文·化之恋、航空燃料与材料、太空植物水培种植、航空航天原理诠释、设计思维、航空航天STEM……	智＋劳
交通与通信	空间地图制作、人造卫星制作与测控、太空机器人、仪表与导航、航线与飞行……	智劳美－
机械与模型	数学建模和航空航天、金工模型、木艺模型、航空航天模型结构探究、航天器大观……	智劳美－
航宇与飞行	模拟飞行驾驶、遥控飞行、无人机、火箭模型制作与发射、飞行驾驶体验……	劳智体－

注："+"表示多或强，"-"表示少或弱。

为此，我们确定的研究目标为：第一，健全德智体美劳"五育"并举的课程内容体系；第二，建构与"必修课程—选择性必修课程—选修课程"相一致的课程结构；第三，探索"五育"融合的课程实施策略、方式和方法；第四，开发"数据伴随"的课程学习评价平台。

3. "逐梦空天"校本特色课程建设任务再明晰

（1）在"逐梦空天"特色校本课程内容模块中加强美育、体育。主要研究内容包括如下两方面：一是在艺术、体育必修课程和选择性必修课程中加强"空天素养"培育的渗透；二是开发艺术、体育融合航空航天教育的选修课程。比如，航空航天文创产品设计与开发、航空航天科普剧排演、航空航天主题歌曲学唱、三维环体验与训练等。

（2）解构"基础型课程—拓展型课程—研究型课程"体系，建构与新课程"必修课程—选择性必修课程—选修课程"相一致的课程结构。

表6-2 "逐梦空天"课程结构框架

课程类别	科目	高一	高二	高三
必修	综合实践活动（《播种空天梦想》）	2	—	—
	研究性学习	2	2	2
	渗透航空航天教育	—	—	—
选择性必修	渗透航空航天教育	1	1	—
选修	航空航天校本特色课程	2	2	—

（3）探索"五育"融合的课程实施策略、方式和方法。其一是目标的融合，把分立的目标统筹到全面发展的范围内，并在目标系统之间实现有机的统一与衔接；其二是内容的融合，把其他各育融入"此育"中，融合各育为一个有机的整体；其三是育人过程的融合，即选择适切融合式课程和有助于融合课程实施的策略、方式和方法。通过"三位一体"的融合，解决当前教育实践过程中只重视结果不重视过程、只注重怎么教不注重怎么学的症结，取得"五育"融合的实效。

4. "逐梦空天"校本特色课程学习评价再升级

持续开发"逐梦空天"在线课程，陆续将成熟的"逐梦空天"课程移至"空天微校"，持续加强"空天微校"伴随式、智能化学习评价系统建设，持之以恒地做好课程更新、系统升级、功能优化等工作。

（1）加强教师教育技术应用培训，有序推进成熟的"逐梦空天"校本特色课程的数字化建设。

（2）加强与航空航天专业场馆和高校院系的密切合作，丰富"空天微校"高品质的专业教育资源。

（3）加强三期开发进程，将数据持久化至 Hadoop 大数据平台，实现数据自动采集上传，利用学生学习、体验、反馈数据形成综合监测、管理和统计分析的评价系统，并使用 3D 建模手段将其可视化。

（4）加强数据的分析与应用，为学生生涯发展提供精准指导，为"空天强国"建设培养更多优秀人才。

（二）持续培养"领航人生"卓越教师

不断丰富闵行三中"三导三促"教师发展保障机制和"七力驱动"教师发展动力机制的内涵，创新优化实施策略，持续培养"领航人生"的卓越教师。

1. 与师范院校联合建设研究生培养基地

全面评估现有的安徽师范大学文学院专业学位研究生联合培养基地以及华东师范大学外语学院、体育与健康学院学生实训基地建设在促进带教教师专业发展方面的成效与价值，认真总结高校—中学"联合培养伙伴关系"在教师队伍建设方面经验，主动争取与更多高层次师范院校合作，联合建设研究生培养基地，为发现、引进优秀教师打下扎实基础，为教师校本培训集聚更多优质资源，并通过实施"培训者培训"培养卓越教师。

2. 在航空航天院系设立特色教师孵化站

争取上海交通大学航空航天学院支持，在该学院设立特色教师孵化站，分期选派特色教师驻点学习，补齐普通高中教师在航空航天特色课程开发与实施方面的能力短板。根据学生发展需求和升学选择方向，联系更多航空航天大学或综合大学航空航天院系，为特色教师培养积累更优资源。

3. 挂牌建设航空航天科研工作站

逐步升级学校现有空天翱翔馆、苏烨青少年科学院、创新实践场馆的设施设备，在总结上海交通大学航空航天学院学生实习基地建设经验的基础上，将闵行三中现有的创新实践场馆逐步建成高校、科研院所相关专业教授和研究生科研工作站，借助高校科研团队，提升闵行三中教师指导学生课题研究能力，从而打造卓越教师。

（三）持续培育"空天强国"卓越人才

1."飞行梦想人才"培养计划

（1）培养目标

培养适应国防和民航现代化建设需要的飞行技术、飞行器设计与制造、维护与维修、导航与控制、机场运营与管理、空乘服务等方面的实用人才。

（2）课程设置

在国家课程学习的基础上，开展航空特色教育，内容包括国防教育、军事体育、航空知识、飞行训练等，实行军事化管理。

高一开设通识理论课程，涵盖航空基础知识、中国航空发展史、国际航空发展史；实操课涵盖模拟摇杆训练课程、纸飞机设计课程等。

高二开设 STEAM 课，包括 3D 打印课程、航空模型设计课程、美术设计课程、编程与数理课程、空乘表演课程；实操课包括模拟驾驶训练课等。

高三开设应考综合课程，涵盖模拟招飞课程、招飞技巧训练课程等。

航空心理专业课程、生涯规划课程、航空班体育模块教学、社会实践课程贯穿三年。

（3）分班及师资配备

分班："飞行梦想人才"班的学生实行单独编班，模拟营连管理模式，统一班徽和班旗。

师资配备及管理：选派业务精湛、责任心强的优秀教师担任"飞行梦想人才"班的班主任和学科教师，采取"小班化"教学、"一对一"帮带等模式。

配备责任心和政治性强的生活教师，按照空军青少年航校的基本要求，负责内务、跑操、拉练、野外生存等方面的准军事化训练和日常管理。

聘请航空大学或综合类大学航空学院（专业）教授为校外导师，定期进行专题培训。

（4）发展平台

硬件配套：学校配备设施齐全的专用教室、专用模拟驾驶室、体能训练和心理辅导室。

生源选拔：用好上海市特色普通高中面向全市自主招生政策，选拔志向明确且坚定优秀的初中毕业生。

人才输送：深化与东航飞行培训中心、空军招飞局南京选拔中心的合作，联合培养民飞、军飞人才。扩大与国内多所航空院校和专业机构合作，挂牌高端飞行人才培养基地。

2. "空天科技人才"培养计划

以习近平新时代中国特色社会主义思想为指导，贯彻习近平总书记提出的"航天强国"指示，服务"一带一路"倡议，弘扬航天精神，探索航空航天科技人才培养模式，推动多层次、多渠道教育合作，加速航空航天科技人才培养。

（1）培养目标

设立空天科学实验班，培养热爱航空航天、政治合格、素质全面的航空航天科技后备创新人才。

（2）课程设置

必修课程中融合航空航天科技知识教育，与上海航天技术研究院、上海交通大学航空航天学院联合开发航空航天领域校本课程，组织学生参观体验航空航天科技实验室、航空航天发射场和测控中心，开设航空航天科技讲堂，组织师生现场观摩重大航空航天科技活动。

（3）生源选拔

借助上海市特色普通高中面向全市自主招生机会，选拔热爱祖国、具有浓厚航空航天志趣、学业基础扎实、身心健康的初中毕业生。

（4）组织管理

空天科学实验班的学生实行单独编班，统一班徽和班旗，统一制作工程师制服，学生实行动态管理，高一、高二年级期末进行综合评定。

选派业务精湛、责任心强的优秀教师担任空天科学实验班的班主任和学科教师，采取"小班化"教学、"一对一"帮带等模式。

配备责任心和政治性强的生活教师，按照飞行梦想人才班的基本要求，负责内务、跑操、拉练、野外生存等方面的准军事化训练和日常管理。

聘请航空航天大学或综合类大学航空航天学院（专业）教授为校外导师，

定期进行专题培训。

　　"后特色高中"时代，闵行三中将坚守高中学校教育本质属性，面向全体学生，"多样性""有特色"和谐共生，实现学生全面而有个性的发展。走内涵发展、高质量发展之路，用特色教育浸润师生的精神世界和心灵世界，让航空航天教育特色彰显出师生"有大爱、存大梦、有大智、担大责"的文化特质；持续打造"逐梦空天"卓越校本课程，持续培养"领航人生"的卓越教师，持续培育"空天强国"的卓越人才，从优秀走向卓越，用"看得见"的特色教育成果彰显特色普通高中建设的价值和意义。